De Leite a Iogurte

UMA RECEITA PARA VIVER E MORRER

Ringu Tulku Rinpoche

Awaken the heart by opening the mind

BODHICHARYA PUBLICATIONS
Bodhicharya Publications é uma "Comunity Interest Company", registada no Reino Unido.
38 Moreland Avenue, Hereford, HR1 1BN, UK
www.bodhicharya.org   Email: publications@bodhicharya.org

Em Portugal: www.bodhicharyaportugal.org   Email: publicacoes@bodhicharyaportugal.org

© Bodhicharya Publications 2009

Ringu Tulku reserva-se o direito moral de ser identificado como o autor deste livro.
Por favor, não reproduza qualquer parte deste livro sem autorização do editor.

ISBN 978-1-915725-11-0
Primeira edição em Inglês: 2013   Primeira edição em Português: 2018

Compilado e editado por Margaret Ford - Traduzido em Português por Maria José Cunha

Ensinamentos originais:

Renascimento: transcrito por Maria Huendorf, editado por Marita Faaberg, Margaret Ford, Ringu Tulku e a equipa editorial de Bodhicharya.

Trabalhando com um Mestre Espiritual: transcrito por Cait Collins, editado por Marita Faaberg, Margaret Ford, Ringu Tulku e a equipa editorial de Bodhicharya.

A Morte e o Morrer: transcrito por Claire Trueman, editado por Marita Faaberg, Margaret Ford, Ringu Tulku e a equipa editorial de Bodhicharya.

Caligrafias de Ringu Tulku: *Transformação*(oposto), *Renascimento*(página 4), *Devoção*(página 20) *Bardo*(página 38).

Paginação e Design por Paul O'Connor em www.judodesign.com
Fotografia da capa: ©Paul Hocksenar. Fotografia da contra-capa: ©Paul O'Connor
Impresso por Várzea da Rainha Impressores, S.A.

Coleção Sabedoria do Coração
Por Ringu Tulku Rinpoche

O Ngöndro
Práticas Preliminares do Mahamudra

De Leite a Iogurte
Uma receita para viver e morrer

Como Sonhos e Nuvens
Vacuidade e Interdependência, Mahamudra e Dzogchen

Lidando com as Emoções
Dissipando as Nuvens

Viagem da Cabeça ao Coração
Ao Longo do Caminho Budista

Cavalgando Ondas de Tormenta
Vitória sobre os Maras

Purificando-se
A Prática de Vajrasattva

Fulgor do Coração
Bondade, Compaixão e Bodhicitta

Índice

Prefácio da Edição Portuguesa	xiii
Prefácio do Editor da Versão Inglesa	xv
Introdução	1
Renascimento: Uma Visão Budista	**5**
Interdependência	6
A próxima vida, o iogurte	8
O fluxo constante	10
Karmapa	10
Perguntas e respostas	13
Trabalhando com o Mestre Espiritual	**21**
Precisamos de um bom amigo	21
Examinar o mestre	23
A relação mais especial	25
Devoção	28
Confiar no Dharma	30
Perguntas e respostas	33
A Morte e o Morrer	**39**
O nosso maior medo	39
Tudo muda	40

Estado de presença	41
Felicidade	42
Morte, a grande oportunidade	43
A verdadeira prática: permanecer com o que é	45
Ajudar-nos a nós e aos outros	46
Perguntas e respostas	49

Glossário   65

Sobre o autor   69

Prefácio da Edição Portuguesa

Ringu Tulku Rinpoche tem visitado Portugal todos os anos desde o final dos anos 90. Com a sua forma gentil, simples e descomplicada, tem transmitido o Dharma na sua profundidade, com palavras acessíveis, histórias expressivas e um grande sentido de humor. Tem sido uma bênção poder contar com a sua orientação, ano após ano, neste país que, por ficar um pouco fora da rota dos mestres, não recebe muitas visitas anuais de lamas tibetanos.

O projeto de publicar em Português os seus livros – ensinamentos orais, postos por escrito pelos seus fiéis discípulos – já leva uns anos. Infelizmente, os muitos afazeres de que todos somos escravos, impediram-nos de lhe dar seguimento até agora.

Por isso, é com grande alegria que saúdo esta primeira tradução – a primeira de muitas outras, assim o espero – de um livro que tem ajudado muitas pessoas: De Leite a Iogurte.

Para além da Sangha da Bodhicharya Internacional que foi muito prestável em todo o processo, quero também agradecer à Sangha da Bodhicharya Portugal e, principalmente, às pessoas que, voluntariamente, ofereceram os seus dotes de tradutoras e revisoras, bem como ao Paul O'Connor, pelo excelente trabalho de design e paginação.

O nosso desejo é que o Precioso Dharma que transparece através destas páginas seja útil a todos os que as lerem.

Tsering Paldron
Porto, Abril de 2018

Prefácio do Editor da Versão Inglesa

Com os agradecimentos pelo trabalho e dedicação da equipa da Bodhicharya Publications e, em particular, a Marita Faaberg, Claire Trueman, Mary Heneghan, Eric Masterton, Tim Barrow, Minna Stenroos, Jet Mort, Maria Huendorf, Annie Dibble, Rachel Moffit, Dave Tuffield. Este constituiu o nosso primeiro esforço em equipa e foi uma alegria trabalhar com todos. Inclusivamente com Peter Ford, o membro oculto da nossa equipa editorial. O seu amor, apoio e encorajamento, são a força motriz por detrás de tudo que eu faço.

Estou muito grata a Paul O'Connor por este bonito "layout" e "design" e pela sua bondosa paciência.

Agradecimentos e reconhecimento à Sociedade Teosófica de Glasgow, ao Grupo Budista Bodhicharya do Sussex e à Bodhicharya de Londres, que organizaram os diálogos incluídos neste livro.

Com especial gratidão e amor a Ringu Tulku por, de coração, compartilhar a sabedoria que compõe este livro. Possa ele beneficiar todos os que o lerem.

Margaret Ford
Bodhicharya Publications
Junho 2009

Introdução

A ideia por detrás da coleção dos livros Sabedoria do Coração, é disponibilizar mais amplamente o vasto número de Palestras e Ensinamentos dados por Ringu Tulku Rinpoche. Desde 1990 Ringu Tulku tem viajado muito pelo mundo, ensinando e participando de seminários em centros do Dharma, Universidades, Câmaras Municipais, cinemas, por onde quer que o convidam. A maior parte dessas conferências foram gravadas e guardadas no seu arquivo em Hamburgo.

Este livro contém três conferências públicas independentes, adaptadas e editadas, dadas por Ringu Tulku ao longo de vários anos. "Renascimento" foi dada em Glasgow, Escócia em 1995, "Trabalhando com um Mestre Espiritual" ocorreu no Sussex, Inglaterra em 1999 e "A Morte e o Morrer" em Londres, Inglaterra em 2008.

Se alguma vez participou numa conferência ou num ensinamento dado por Ringo Tulku, sabe que o seu estilo é afetuoso e descontraído e com muito sentido de humor. Mas Rinpoche é Professor de Tibetologia e recebeu ensinamentos e práticas de muitos dos mais realizados e compassivos Mestres do Tibete, tais como Sua Santidade 16º Gyalwa Karmapa e Sua Santidade Dilgo Khentyse Rinpoche. Nas suas conferências públicas, utiliza uma forma de expressão muito simples para explicar as mais profundas filosofias Budistas.

Também verá ao longo destas palestras que Rinpoche incentiva a que lhe coloquem questões. Ele costuma dizer "Não é bom que uma só pessoa fale tanto!" e nós incluímos aqui os diálogos de Rinpoche com os participantes. Enquanto lê, é natural que lhe surjam mais questões e não se pretende que compreenda ou concorde com todos os pontos de vista que são apresentados ao longo destas páginas.

Há muitas formas de os explorar. Por exemplo, podemos indicar-lhe fóruns para um estudo e um debate mais aprofundados, presentes no site da Bodhicharya Internacional (www.bodhicharya.org). Lá encontrará também informações sobre os grupos de meditação e estudos locais, bem como a agenda dos ensinamentos e palestras que Rinpoche continua a dar pelo mundo fora.

Margaret Ford
Bodhicharya Publications

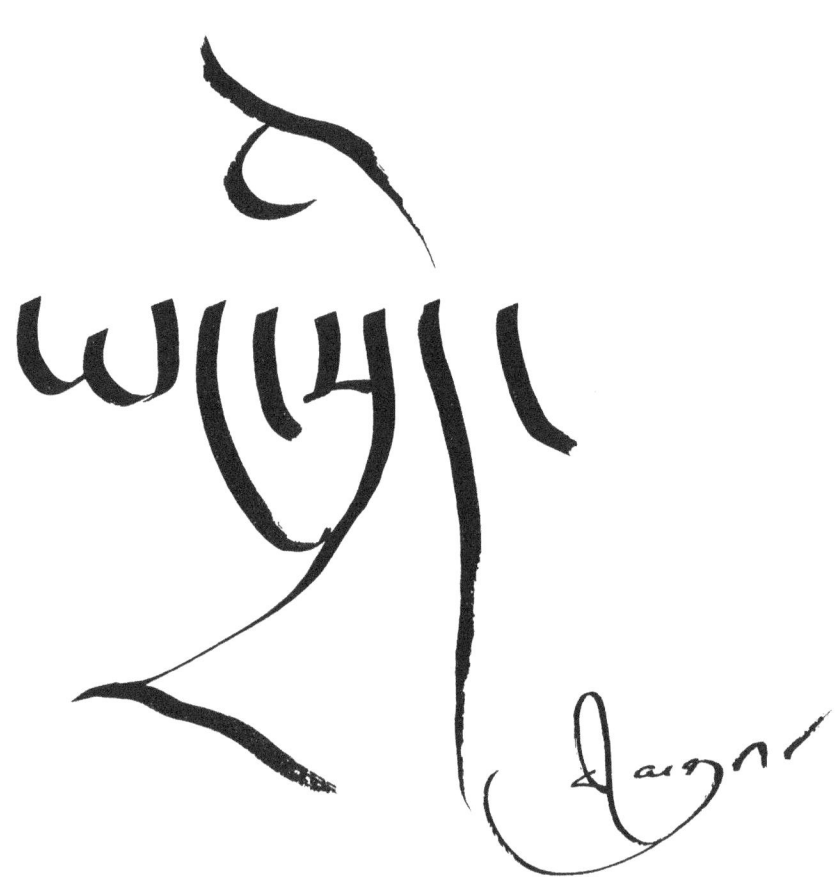

Renascimento: Uma Visão Budista

Penso que não vos consigo provar que o renascimento existe, mas gostaria de explorar algumas considerações do Pensamento Budista. Esta ideia é comum a quase todas as tradições espirituais, mas no ocidente parece existir uma certa resistência em a aceitar. Talvez seja apenas uma questão cultural, talvez vá mudando gradualmente mas, durante muito tempo, falar de renascimento era considerado ficção, alguma coisa parecida com "contar histórias".

O renascimento é muito difícil de compreender. Não pode ser visto com os nossos olhos nem testado em laboratório. Mas, se olharmos bem para dentro de nós, podemos ter a sensação, uma espécie de intuição, de que não existimos apenas por pouco tempo. Quando olhamos profundamente para este sentimento, sem qualquer preconceito ou parcialidade, e se nos abrirmos real e profundamente, tentando experimentar esta sensação, acho que a maioria de nós sentirá que não está aqui só por pouco tempo. Podemos ver e sentir, talvez até compreender, que a vida que temos agora não é apenas uma única vida sem nada antes ou depois dela.

Desde há séculos que o renascimento tem sido muito debatido no Budismo. O Pramanavartika é um livro de lógica Budista e quase metade dele é dedicada a este tópico. Nele se encontram debates sobre se existe ou não algo para além da vida. No que me diz respeito, aprendi à minha custa que o mero debate não chega para convencer alguém de alguma coisa. Quando era novo pensava que, se conseguisse provar alguma coisa através da lógica, toda a gente ficaria convencida. Isto é normal quando somos novos e temos o sangue na guelra. Felizmente tornamo-nos mais sábios com a idade.

Interdependência

Quando pensamos sobre o renascimento, o princípio mais importante da filosofia Budista é a interdependência. A verdadeira natureza de tudo é a interdependência. O que significa que tudo, qualquer entidade em todo o universo, seja ela mental, material ou outra, não pode ser tida como se fosse uma só coisa - uma entidade completamente independente ou permanente. Tudo é composto ou feito de vários elementos. Cada elemento depende de todos os outros e cada um deles é também impermanente. Logo, cada entidade composta é impermanente.

Qualquer coisa causada por muitas outras é, portanto, interdependente. Se faltar nem que seja uma causa ou condição, tudo desaparece. Mas, quando estão presentes todos os elementos necessários para que algo aconteça, então acontece. Assim, apesar de vermos as coisas como existentes, elas não têm existência intrínseca. Tudo flui. O que quer que sejamos, o que quer que eu seja agora, é a consequência do momento anterior. E o momento anterior foi causado por outro anterior a ele.

Podemos dizer, a um nível mais concreto, que a causa desta vida presente foi a vida passada e que a vida passada foi causada pela vida anterior a essa. Quando o dizemos desta forma, estamos a falar de um modo muito simplista. Mas, na realidade, quando falamos de uma teoria mais profunda de renascimento não estamos a falar apenas da mudança de uma vida na próxima - porque a mudança propriamente dita não ocorre como numa sequência de blocos separados: ela está sempre a acontecer. O que sou agora não é apenas o resultado da minha vida passada é também o resultado de toda a minha vida até agora. Mudei tanto desde que nasci que não me reconheceriam se me vissem nessa altura. Quando tinha dez ou quinze anos não era assim tão feio! O que sou agora é o resultado de todo o meu passado, desde que nasci e mesmo desde antes do meu nascimento. Esta mudança está sempre a acontecer e é tanto interna como externa. Não é só a minha consciência que muda; são as condições interdependentes externas, bem como as internas. A minha consciência, as causas e condições, tudo isto está constantemente a mudar e cada acontecimento atua sobre o momento seguinte da minha vida.

A primeira coisa que temos que compreender é que o renascimento, tal como tudo o resto, está interrelacionado e, para verdadeiramente percebermos a teoria do renascimento, temos que apreender a nossa verdadeira natureza, como realmente somos. Se não percebermos o que somos, não podemos perceber completamente o renascimento. O que somos não é algo sólido. Não somos apenas feitos de um bloco, substancial e inalterável.

Quando pensamos no renascimento, geralmente acreditamos que, quando morremos, a nossa alma ou consciência sai deste corpo e entra noutro. Este não é o ponto de vista Budista. Não é como mudar de roupa. Nós não nos limitamos a tirar esta roupa, este corpo, para vestirmos uma roupa nova, um novo corpo. Não é assim. A relação entre corpo e consciência é muito mais íntima, muito intrincada, quase inseparável. Além disso, os componentes físicos do corpo que temos agora irão dar origem a algo de novo. Da mesma forma, a consciência presente também irá ser a causa de uma outra consciência.

Tomem por exemplo a minha mente agora. Como é que sabem que eu estive aqui ontem e não noutro sítio qualquer? Como podemos prová-lo? Muitos de vós não me viram ontem. Como podem afirmar que estive aqui ontem? Posso ser um E.T., um ser extraterrestre - pareço-me um pouco com eles! Ou posso ter brotado do subsolo. Nada é certo. Contudo podem ter a certeza que eu estive cá ontem, porque estou aqui agora. A minha existência aqui agora é a prova de que eu também cá estava ontem. Da mesma forma têm a prova que estive aqui antes de ontem porque eu estive presente ontem. A prova de ter cá estado ontem é eu estar aqui agora, e a prova de eu estar cá amanhã também poderá ser eu ter estado aqui agora. Amanhã estarei aqui ou não. No entanto, estarei em algum sítio porque estou aqui agora. Não desaparecerei completamente. Posso morrer talvez, mas mesmo assim isso não significa o fim de tudo. Tudo morre e renasce, é esta a natureza das coisas. Houve uma Primavera no ano passado e passou, mas este ano ela vai voltar outra vez. O Sol já se pôs hoje, mas amanhã voltará a aparecer porque esteve cá hoje. É a lei da natureza que nada pára completamente, tudo causa outra coisa que, por sua vez, causa uma outra. É a este contínuo processo de causa e efeito que me refiro quando falo de renascimento. A teoria do renascimento baseia-se na teoria da causa e efeito.

A próxima vida, o iogurte

No conceito budista de renascimento, as diferentes vidas não são entendidas como se fossem as pedras de um colar, em que cada pedra é uma vida, todas elas enfiadas no fio muito longo da alma. Não é assim. Há cinco exemplos clássicos tradicionalmente usados para explicar o conceito: o iogurte, uma recitação, um espelho, um selo e por fim uma lâmpada.

Vamos pegar no primeiro exemplo, o iogurte. Como é que se faz iogurte? É com leite, mas será o leite iogurte? Não. Será o iogurte leite? Também não. Porém, sem leite não temos iogurte. Podemos dizer que o iogurte é a mesma substância que o leite original? Também não, não é a mesma coisa. Similarmente, a nossa próxima vida ou o próximo momento de mudança - quando nos deslocamos de um lugar para o outro, de um instante para outro ou de uma vida para a outra - acontece da mesma maneira. O que eu sou agora não é exatamente a minha próxima vida; é diferente tal como com o iogurte. Agora sou leite, mas, na minha próxima vida, posso tornar-me iogurte!

Os exemplos da recitação e do espelho são parecidos. Se eu recitar um Sutra vocês ouvem, mas nada vai de mim para vocês. Eu não pego no Sutra e atiro-o a vocês para que fiquem com ele, mas a verdade é que o recebem. O mesmo se passa com o espelho; quando estou em frente a um espelho todos vemos que estou no espelho mas, na realidade, não estou lá. Nada saiu de mim para ir para o espelho, mas sem mim e sem o espelho não haveria reflexo.

Também há o selo. Antigamente o lacre era usado para selar cartas confidenciais de um rei ou de alguém importante. Mas qual é a diferença entre o selo original e o que está na carta? É apenas uma impressão, mas continua a ser o selo embora não seja o original.

A lâmpada é um dos exemplos mais conhecidos. Talvez já tenham ouvido a história do rei Milinda e das suas perguntas? É um livro muito importante no Budismo, muito bonito e muito interessante. Também já foi traduzido para Inglês. Milinda era um rei Grego, que reinava na zona de Caxemira, na Índia. Nessa altura existia na Índia um erudito realizado, chamado Nagasena. O rei chamou-o e colocou-lhe muitas questões, tais como, "Porque é que todas estas mudanças acontecem, como é que esta vida continua na próxima e depois se torna no renascimento?" Nagasena respondeu desta forma: "Nada vai daqui para acolá". Mas como é que isso acontece? E ele continuou: "Imagine que acende uma vela ou uma lamparina, quanto tempo é que ela dura? Bem, a lamparina poderá durar a noite inteira se for uma das grandes. A chama do início, a chama que continua pela noite fora e a chama ao fim da noite, são ou não a mesma chama? Ela foi queimando continuamente desde que a lamparina estava cheia de cera e durante todas as horas da noite até que agora só resta uma pequena parte da lamparina. É possível que seja uma e a mesma chama? Ela foi queimando continuamente ao longo da noite, por isso não pode dizer que é só uma chama. É a continuação da chama. Mas, ao mesmo tempo, não pode dizer que é diferente, porque é a mesma chama."

O fluxo constante

A causa e o efeito funcionam assim. O estado de consciência atual é a causa do seguinte e esse, por sua vez, é a causa do que lhe sucede. Quando eu morrer isso não significa que o meu corpo morre e a minha consciência vai para outro lado: o processo é semelhante. O corpo desintegra-se e a consciência também morre. Do ponto de vista Budista, diz-se que todos os processos mentais – consciência, emoções, etc. - cessam e disso surge outra coisa. Por exemplo, sempre que um pensamento aparece e passa, o seguinte assoma. E, dele, surge uma outra coisa. Está sempre algo a acontecer, o fluxo é constante.

Quando todos os nossos fatores mentais morrem, um novo conjunto de processos surge, de acordo com a lei da causa e efeito. Quando morremos, há um estado a que se chama Bardo, o estado intermédio. Nesse momento não somos uma consciência simples, mas um agregado complexo. Nessa altura não temos um corpo físico tal como o que temos agora, mas temos um corpo mental. Um momento gera o momento seguinte, um momento transforma-se no seguinte. Desta forma o processo nunca pára. O Renascimento é esta continuidade. Não é a continuação de uma "coisa", é a continuação de muitas coisas. A causa não é exatamente o resultado, mas o resultado não pode surgir se a causa não existir. A relação entre passado e presente e presente e futuro, é muito forte. São interdependentes. Por causa deste estado atual vai surgir o estado seguinte. O estado seguinte não poderia surgir se o atual não se tivesse verificado. E, contudo, não são exatamente a mesma coisa.

Karmapa

O reconhecimento de um Tulku, o reconhecimento de um renascimento é muito tibetano. O conceito também era aceite na Índia, mas o reconhecimento do renascimento de Lamas, de uma vida para a outra, começou no Tibete.

Talvez conheçam a história do Karmapa! No século XII, no Tibete, viveu um Lama que mais tarde veio a chamar-se Karmapa. O seu mestre disse-lhe que ele tinha que construir três mosteiros, dois na província do Kham e o terceiro no Tibete Central, perto de Lhasa. Durante a sua vida, Karmapa construiu os dois mosteiros no Kham e por volta dos seus oitenta anos disse aos seus discípulos: "Tenho de construir o terceiro mosteiro que prometi ao meu Mestre". Assim, apesar de já ter muita idade, viajou até ao Tibete Central. Aí construiu uma pequena cabana e, entretanto, morreu. Mas, antes de morrer, disse:" Não desfaçam nada do que eu fiz, nem dêem os meus livros nem as outras coisas, guardem-nas. Eu voltarei."

Passado poucos anos, uma criança apareceu e disse: "Eu sou o Karmapa" e toda gente disse, "Muito bem, tu és o Karmapa!" Ele foi treinado por Lamas de diferentes tradições e transformou-se numa pessoa extraordinária. Ficou sobretudo com Lamas Sakyapa que na altura eram muito conceituados. Talvez já tenham ouvido falar das aventuras de Marco Polo no tempo de Kublai Khan, em que esses Lamas Tibetanos costumavam fazer chover ou parar a chuva, ou fazer com que uma chávena chegasse à boca sem ninguém a segurar? Foi o segundo Karmapa quem supostamente fez todas essas coisas. Karmapa foi mestre dos rituais junto de Chogyal Phagpa por algum tempo e viajou com ele para a Mongólia e para a China. Chogyal Phagpa foi o primeiro Lama Tibetano a governar o Tibete. Mais tarde, o segundo Karmapa tornou-se o mestre dos Reis da Mongólia e, aquando da sua morte, já era muito famoso.

O terceiro Karmapa foi reconhecido por um discípulo do segundo Karmapa, cujo nome era Urgyenpa. Este foi um Lama muito conceituado que esteve na Índia várias vezes, sendo um grande sábio erudito. Quando o terceiro Karmapa ainda estava no ventre da mãe Urgyenpa disse," A tua criança será um rapaz e será a reencarnação de Karmapa". Quando a criança nasceu, Urgyenpa disse: " Este é Karmapa". Esta foi a primeira vez na história do Tibete, talvez até na história do mundo, que uma criança foi reconhecida por alguém como sendo a reencarnação de uma pessoa que vivera antes. Esta criança era muito especial. Quando cresceu, lembrava-se de todo o seu passado e não só, também se lembrava do que experimentara no ventre na mãe. Ele até escreveu uma autobiografia sobre o tempo que passou no ventre da mãe!

A institucionalização do reconhecimento de reencarnações começou no Tibete. Outros Lamas importantes, tais como, os Dalai Lamas e Panchen Lamas, também foram reconhecidos, e hoje há uma quantidade de reconhecimentos. Quando morre um Lama que teve muitos discípulos, especialmente se teve uma boa morte, com sinais de realização espiritual, o renascimento é rapidamente procurado. As crianças que são encontradas são, então, muito bem educadas, durante anos. As pessoas no Tibete respeitam estes Tulkus, tal como são chamados e, até agora, eles gozam de uma boa reputação.

Perguntas e respostas

Pergunta: Como explica o crescimento da população mundial? Agora há muito mais gente no mundo.

Rinpoche: Há uma boa razão para isso. Nós, Budistas não acreditamos que a Terra seja o único planeta habitado por diferentes seres. A área onde podem nascer seres é quase ilimitada. Onde quer que haja espaço pode haver vida. Talvez não devesse dizer isto, porque por vezes torno as coisas mais complicadas e confusas do que o necessário. Uma vez fui convidado para dar ensinamentos, no sul de França, acerca de diferentes filosofias Budistas, ou a investigação da mente vista pelas diferentes filosofias e falei muitas horas. Depois do curso ter acabado uma senhora veio ter comigo e disse: "Bem, quando começou a falar era tudo tão interessante que comprei todas as suas gravações. Quando as estava a ouvir, na primeira percebi tudo, na segunda estava tudo bem, na terceira foi terrível e, quando cheguei à quarta, não percebi nada. Foi demais para mim. Fiquei tão totalmente confusa que peguei em tudo e atirei pela janela fora."

Seja como for, vou dizer o que tiver de dizer e vocês são livres de aceitar ou não. Já ouviram dizer que os Budistas utilizam um termo vacuidade, ou Shunyata. É uma das principais filosofias Budistas. O que entendemos por vacuidade? Na verdade, vacuidade e interdependência são uma e a mesma coisa. Quando falamos em vacuidade, queremos dizer que, quando analisamos qualquer coisa, seja ela qual for, verificamos que é feita de muitas coisas, causada por muitas coisas. Um copo, por exemplo, se analisarmos de que é feito, vemos que é feito de átomos, os átomos de neutrões e electrões, e por aí fora até uma forma de energia. Os cientistas chamam-lhe a Teoria Quântica.

A forma Budista tradicional de tratar estas questões é investigar até à mais ínfima partícula possível de identificar. Qualquer quantidade de matéria é feita das mais ínfimas partículas e é passível de se desintegrar nos elementos mais minúsculos. Alguns Budistas chamam-lhes as partículas indivisíveis e dizem que tudo é feito delas. Um outro filósofo questionou sobre essa partícula indivisível. Será que tem uma parte de cima e uma parte de baixo? Uma parte ocidental e uma parte oriental? Se dissermos que não tem lados, como é que pode ter qualquer efeito? E, se ela ainda puder ser dividida, então não é indivisível. Se for mesmo indivisível será quase nada.

Esta é a fonte, o ponto de partida de tudo. Na verdade, chegamos à conclusão que tudo é feito de nada. Dizemos que tudo tem uma qualidade não-nascida, uma natureza não-nascida. Tudo é apenas uma aparência que parece existir em virtude de várias causas e consequências. Da mesma forma, as causas e os efeitos também surgem, mas não têm qualquer substância.

Deste modo um Universo inteiro pode existir num simples grão de pó. Pois surge do nada, não precisando de ocupar espaço, e todo um kalpa existe num único momento. O tempo e o espaço são relativos, não há neles nada de absoluto. Assim, pode haver outro universo no meu dedo mínimo e toda a população do mundo pode estar a surgir dele!

Pergunta: Escolhe-se onde se vai renascer?

Rinpoche: Sim e não. É aqui que falaremos sobre o karma. O karma é muito importante para entendermos o renascimento e tudo mais. Primeiro temos que compreender que o que somos agora é o resultado do nosso karma, do nosso passado. Não apenas das vidas passadas, mas também de toda a nossa vida atual. O que fizemos ontem, no ano passado, como fomos educados, como encontrámos diferentes pessoas. Tudo, desde sempre até agora, é a causa do que somos agora. O que somos agora é o resultado do nosso karma. O que quer que sejamos neste momento, quer nos detestemos ou não, quer desejemos ser o que somos ou não, nada podemos fazer para o alterar. Somos o que somos.

Mas, daqui para a frente, o futuro está aberto. Dentro dos limites do nosso passado e do nosso presente, o que quer que sejamos pode ser alterado. Em vez de fazermos o que fazemos agora, podemos parar e fazer outra coisa. Podemos mudar, escolher, temos muitas possibilidades diferentes. Não podemos voar, pois isso não está ao alcance do nosso corpo. Eu, pelo menos, não fiz ioga suficiente para isso! Talvez, se tivesse feito, eu pudesse voar. Mas como não fiz, não posso.

Há quatro tipos de resultados que dependem do karma. As ações mais poderosas produzem as reações mais imediatas, os resultados mais rápidos. Alguns karmas não são muito fortes e, por isso, o resultado pode chegar mais tarde, nesta vida ou na próxima. Há mesmo karmas mais fracos cujo resultado pode só surgir muitas vidas depois desta. Há karmas que nunca chegam a manifestar-se.

Quando falamos do Bardo estamos, na verdade, a falar de quatro estados intermediários. O primeiro é chamado o Bardo da Vida (Tibetano: chewa bardo). É a vida atual. Também a consideramos como um bardo, uma oportunidade muito importante. O tempo mais importante é agora, enquanto estamos vivos.

Depois vem o Bardo da Morte (Tibetano: chikai bardo). Inicia-se no momento em que os cinco elementos do nosso corpo começam a desintegrar-se, e vai até ao momento em que somos declarados clinicamente mortos.

Depois há o Bardo da Luminosidade (Tibetano: chönyi bardo). Quando morremos, ocorre um curto estado em que todos os nossos conceitos, todos os nossos fatores mentais se dissolvem. Então vemos a clara luz, que é a nossa verdadeira natureza, a essência básica e comum dos seres. Nessa altura, se reconhecermos este estado como o Bardo da Luminosidade, todas as ilusões param. Não haverá mais ciclos no samsara, nem mais ilusões. Não mais estaremos presos ao condicionamento kármico.

Se não o reconhecermos, surge o próximo bardo e, nele, temos um corpo mental, como já mencionei, e temos a capacidade de nos deslocarmos para onde quisermos. Como não temos um corpo para carregar, basta-nos pensar em Londres ou em Nova Iorque para instantaneamente lá estarmos. Podemos viajar à velocidade do pensamento. Podemos ver através do tempo e do espaço e, em certa medida, nesta altura temos um grande poder.

Contudo, dependendo do nosso estado mental passado e presente, também podemos estar muito assustados. Podemos sentir-nos muito inseguros e buscar segurança, algo a que nos agarrarmos. É assim que retomamos outra forma de vida (Tibetano: *sipa bardo*).

Se nesta altura percebermos que estamos nesse estado e tivermos tido algum treino de meditação nesta vida, podemos estabilizar a mente dizendo-nos: "O que quer que esteja a acontecer neste momento, o que quer que eu veja, é apenas um estado mental. De qualquer maneira não há segurança em parte alguma. Nada, nem ninguém me pode fazer mal, por isso não há razão para ter medo. Já não tenho um corpo, estou totalmente livre". Assim, perdemos o medo e ficamos calmos. Quando não há medo, também não há agitação. Quando não há agitação, medo, apego e aversão estão ausentes. Podemos escolher o que queremos fazer, onde queremos ir. Somos livres. Podemos tomar a forma de vida que escolhermos.

Mas, muito frequentemente, por causa de um medo excessivo, a nossa mente torna-se bastante instável e agarramo-nos ao que quer que nos apareça. Parece que não temos escolha. Mas, se estivermos com uma mente suficientemente clara e numa atitude estável, teremos a liberdade de escolher. Não estamos condenados assumir uma determinada forma mas, em virtude do nosso condicionamento anterior e dos padrões habituais, aquilo a que podemos chamar as nossas influências kármicas, temos tendência para seguir os padrões a que estamos habituados. Os nossos hábitos fazem-nos repetir a mesma atitude vezes sem conta. Tendemos a repetir os mesmos erros.

Pergunta: Quando tomou conhecimento de que era a reencarnação de alguém, que tipo de memória ou de consciência teve das suas vidas passadas?

Rinpoche: Eu nem me lembro quando fui reconhecido como um Lama reencarnado. Era muito pequeno. Não tenho quaisquer memórias das minhas vidas passadas. Nem sequer me lembro muito bem de ontem! Às vezes tenho a caneta na mão e ando à procura dela por toda a parte, sem me aperceber que a estou a segurar!

Pergunta: Há no Budismo alguma crença quanto ao tempo que vamos permanecer no intervalo entre a morte e o retorno? Acontece rapidamente ou tem de haver um certo intervalo de tempo para nos recompormos?

Rinpoche: Não é algo fixo e definido. Habitualmente diz-se que são sete semanas. Durante sete semanas depois da morte realizam-se pujas, cerimónias e práticas, mas não é algo totalmente definido.

Pergunta: Qual é a origem de todas as coisas? Como é que tudo isto veio a ser o que é?

Rinpoche: Essa é uma pergunta muito complexa, frequentemente colocada por muitas pessoas de múltiplas maneiras. "Qual é a causa primeira de todas as coisas? O que apareceu primeiro?". Houve quem colocasse esta mesma pergunta ao Buda. De onde vem tudo? Qual foi a primeira coisa a aparecer? Como aconteceu? Perguntaram se tudo foi criado por um deus, quem criou o deus, se ele era eterno ou não. Mas Buda disse: "Não quero responder a esta pergunta. Não é útil responder a esta pergunta."

A razão pela qual ele não quis responder é porque estas perguntas fundamentais assentam em pressupostos errados. De onde vem tudo? Vem de alguma coisa ou de nada? Se dissermos que vem de alguma coisa então de onde vem essa coisa? etc. Mas, se dissermos que não vem de nada, como é que esse nada produziu algo? Como é que nada se pode transformar em alguma coisa? Qual é a natureza desse nada? Podemos continuar a questionarmo-nos sem fim sem nunca chegarmos ao fundo da questão.

O que Buda queria dizer é que, se seguirmos este tipo de raciocínio, nunca chegaremos a uma resposta definitiva porque a pergunta se baseia numa falsa premissa. Qual é a verdadeira natureza das coisas? Temos de primeiro descobrir qual é a verdadeira natureza de tudo o que vemos, sentimos e experimentamos. Quando vemos diretamente a verdadeira natureza das coisas, esta pergunta dissolve-se espontaneamente. Compreendemos então de onde tudo vem ou não vem. Buda continuou: "Quer falem da consciência ou da matéria, qual é a verdadeira natureza destas coisas?" Entramos aqui na filosofia de Shunyata, a filosofia da interdependência. Se tudo, na sua verdadeira natureza, é "não-nascido", então todos os fenómenos se manifestam ainda que não tenham uma realidade sólida. Assim a pergunta: "De onde vem tudo isto?" nem sequer chega a colocar-se.

Mas, então, surge outra questão: Muito bem, a verdadeira natureza é não-nascida, Shunyata, interdependência. Mas nós não vemos as coisas desta maneira. Como é que ficámos tão iludidos? E, aqui, mais uma vez: O que quer dizer com ficar iludidos? Quem é você? Quem sou eu? Quando reconhecemos a nossa verdadeira natureza e a dos outros, compreendemos que nunca estivemos iludidos.

Há a expressão "a porta sem porta". A sabedoria torna-se visível depois de atravessarmos a porta sem porta. Qual é a natureza desta porta sem porta? Logo que tenhamos passado através dela, perceberemos que nunca houve qualquer porta. Quando percebermos isto, quando compreendermos o que realmente somos, saberemos que nunca houve ilusão.

Pergunta: Há uma infinidade de universos ou tudo está sempre presente?

Rinpoche: Talvez se possa colocar a questão dessa maneira: é possível ter uma compreensão conceptual e estar certo. E também é possível falar-se disto de muitas maneiras diferentes e estar-se errado. É muito complicado ou, de certa forma, muito simples.

Trabalhando com o Mestre Espiritual
Precisamos de um bom amigo

Todos os seres humanos desejam ser felizes e usufruir de circunstâncias positivas. Todos tentamos evitar situações dolorosas e desagradáveis; ninguém deseja dor e sofrimento. Mas, embora as nossas intenções sejam boas, habitualmente não sabemos como alcançar a verdadeira felicidade e o contentamento. A maior parte do tempo corremos atrás de coisas que achamos que nos farão felizes ou então fugimos do que nos faz infelizes ou nos causa dor. O que nos falta, verdadeiramente, é compreensão e sabedoria. É por isso que necessitamos de um amigo ou mestre espiritual que nos oriente de forma positiva sobre como nos libertarmos da infelicidade e nos tornarmos verdadeiramente felizes.

No Budismo, o mestre espiritual é habitualmente apelidado "kalyanamitra" que é uma palavra sânscrita. Kalyana significa boa acção ou positiva, e assim, kalyana é algo que traz bem-estar. Mitra significa amigo. Portanto Kalyanamitra significa um amigo que faz surgir coisas positivas em nós. Alguém que nos ajuda a desenvolver boas qualidades e que nos influencia positivamente. Em Tibetano diz-se "Gewe Shenyen". Gewa significa positivo. Qualquer coisa que produza bem-estar, felicidade e alegria é gewa.

Habitualmente, estamos demasiado envolvidos nos nossos problemas e ocupados pelas nossas vidas quotidianas e, facilmente, perdemos de vista as nossas aspirações positivas. Por isso, se encontrarmos alguém que nos influencie de forma positiva através do seu exemplo, compreensão e sabedoria, a sua influência torna-se muito inspiradora. Diz-se que até onde um ser humano pode ser influenciado assemelha-se a um arco e uma seta. Talvez já tenham ouvido. Penso que é uma boa analogia. Quando se puxa o arco e a seta, a corda está fixada na parte superior e inferior do arco, mas a parte mais longa da corda está esticada e curvada sem tocar no arco. Seguindo esta analogia, pode-se dizer que há algumas pessoas que não são facilmente influenciadas tal como as extremidades da corda que tocam nas partes superior e inferior do arco, mas, a maior parte de nós está algures na curva da corda do arco. Parece que as melhores e as piores pessoas não são facilmente influenciadas. Quaisquer que sejam os seus amigos ou os ambientes em que vivem, não é possível às pessoas que estão na extremidade superior tornarem-se negativas. O mesmo acontece com a outra extremidade. Sejam quais forem as influências positivas que se apresentem no caminho dessas pessoas difíceis e negativas, elas não mudam. Mas, o resto de nós, cerca de 99,99% é mais flexível, aberto e mais facilmente influenciável. Quando estamos acompanhados por pessoas positivas e bondosas, tornamo-nos melhores e tendemos a tornarmo-nos piores na companhia de pessoas negativas. Estas influências, boas ou más, determinam a maneira como nos comportamos a maior parte do tempo.

As pessoas com quem nos associamos e, especialmente, aquelas em quem confiamos, com quem aprendemos e de quem recebemos aconselhamento, devem merecer confiança. Devem ter experiência e sabedoria e serem compassivas. É por isso que, do ponto de vista Budista, o amigo espiritual, o mestre, é muito importante. Se tivermos um amigo positivo, tornar-nos-emos positivos mas, se tivermos um amigo negativo, também nos poderemos tornar negativos. É por isso que isto é tão importante.

O amigo espiritual é por vezes chamado Guru. Guru, na verdade, significa professor. Em Sânscrito apenas significa professor. Em Tibetano o amigo espiritual também é traduzido como Lama e Kalu Rinpoche, um mestre extremamente respeitado, costumava traduzir "La" como elevado ou que não tem nada acima e "ma" como mãe. Assim, dizia ele, o Lama pode ser descrito como um amigo excelente, como uma mãe. Alguém que nos protege e cuida de nós. Deste ponto de vista não há ninguém mais importante ou especial que o Lama.

Assim, no Budismo, é muito importante encontrar um amigo espiritual, mestre ou guru positivo e genuíno. Também é importante aprendermos a relacionar-nos com o amigo espiritual de maneira a obter o máximo benefício desta relação. Em todas as diferentes escolas de Budismo e, especialmente no Vajrayana, o nosso desenvolvimento através dos diferentes estádios de aprendizagem, compreensão e meditação depende muito da relação mestre – discípulo. A nossa compreensão e a capacidade para aplicarmos a nossa experiência nas situações da vida (quer lhe chamemos graus de iluminação ou apenas diferentes níveis de desenvolvimento, meditação e experiência interior), depende de termos um amigo ou mestre mais ou menos experiente. De outra forma é muito difícil saber como proceder através dos diferentes estádios.

Quando encontramos um genuíno amigo espiritual, ou um mestre, isto é considerado um bom começo. "Um bom começo é meio caminho andado". Demos o primeiro passo positivo e encontrámos o nosso caminho. Nunca é demais enfatizar o quão importante é encontrar um mestre genuíno porque, se seguirmos as instruções de um falso mestre, poderemos seguir o caminho errado. Isto será extremamente prejudicial para nós e para o nosso progresso no caminho espiritual. Portanto, quando encontramos um mestre autêntico e genuíno, pode-se dizer que tivemos um bom começo.

Examinar o mestre

Encontrar o mestre autêntico, o verdadeiro amigo espiritual é a coisa mais fundamental e importante do ponto de vista Budista. Caso contrário podemos ser completamente mal orientados e ter uma enorme dificuldade em encontrar o caminho de volta. Por isso, no Mahayana e em todos os textos do Vajrayana, o primeiro tópico que sempre se discute é como avaliar o amigo espiritual. Temos de avaliar se o mestre, amigo espiritual ou Lama que seguimos é, ou não, verdadeiramente bom. Não podemos seguir qualquer um.

Mas como fazemos isso? Qual é a melhor maneira de o fazer? Como examinamos o mestre? Primeiro consideramos o mais importante, os ensinamentos. O nível de confiança que podemos ter no mestre depende dos seus ensinamentos. Por isso, temos de examinar os seus ensinamentos e refletir sobre eles. Esta é a primeira coisa. Depois, dependendo da nossa compreensão e do nosso conhecimento do Dharma, da tradição e das escrituras podemos decidir se aquela pessoa está, ou não, a ensinar de acordo com os ensinamentos de Buda. Precisamos de saber se esse mestre recebeu educação e treino suficientes e se ele ou ela têm ou não, alguma verdadeira experiência dos ensinamentos. Não é a personalidade do mestre que é o mais importante, são os ensinamentos. É a prática, o caminho que queremos seguir. Isto é o mais importante para nós. Assim, confiamos sobretudo nas instruções e ensinamentos que nos são dados pelo nosso amigo espiritual.

Os ensinamentos que recebemos devem basear-se numa linhagem de mestres experientes e realizados. Devem proceder de uma tradição genuína. Se assim não for, não estaremos a receber os ensinamentos verdadeiros. Além disto, devemos ser capazes de compreender e usar os ensinamentos que recebemos, baseando-nos na nossa própria lógica, razão e experiência. Os ensinamentos devem ser algo que possamos compreender racionalmente e sejamos capazes de pôr em prática. É essa a Via.

Primeiro examinamos o conhecimento, compreensão e experiência do mestre e depois a sua compaixão. Isto é muito importante porque, se o nosso amigo espiritual não tiver compaixão, não nos quer realmente ajudar e, de facto, nem poderá fazê-lo em virtude da sua falta de compaixão. Pode estar a procurar mais o seu interesse próprio do que o nosso e, mesmo, a tentar explorar-nos. Do ponto de vista Budista, quer uma pessoa tenha alcançado alguma realização ou não, será sempre julgado pela compaixão que demonstra.

Por isto, temos de nos assegurar que a pessoa que vamos tomar como mestre tem, ou não, compaixão. Este é um dos elementos mais importantes para julgar se um determinado mestre é confiável e genuíno. Porque, quando alguém é verdadeiramente compassivo, mesmo que não saiba exatamente como responder a uma pergunta, nunca nos guiará mal ou tentará diminuir-nos apontando os nossos defeitos aos outros. Já, se ele não for compassivo, mesmo que tenha um grande conhecimento dos ensinamentos, pode não nos ensinar, dada sua falta de compaixão e de boas intenções. Quando a motivação do mestre está errada, tudo o mais também estará errado.

Depois disto, a coisa mais importante é o desejo de partilhar, ajudar e ensinar. Estas três qualidades são essenciais e devem ser tidas em consideração, quando se procura um mestre. A primeira é que o mestre que escolhemos tenha compreensão, experiência e conhecimento. A segunda é que seja compassivo e a terceira é que deseje ensinar.

A relação mais especial

Depois, tendo encontrado esse amigo espiritual, como nos relacionamos com ele? Na nossa tradição Kagyu lemos as histórias de Milarepa, Naropa e muitos outros. No caso de Milarepa, diz-se que assim que ouviu o nome do seu mestre Marpa, ficou arrrepiado e os seus olhos encheram-se de lágrimas. Desde esse momento ele não teve mais dúvidas e disse: "Devo ir ter com este homem, ele é o meu guru e vou segui-lo, aconteça o que acontecer". Mesmo quando Marpa lhe disse para construir e demolir uma casa quatro vezes, com as suas próprias mãos, ele não teve dúvidas.

Naropa foi um grande mestre, um dos Budistas mais eruditos da sua época. Era professor na Universidade de Nalanda. Um dia estava sentado, lendo um texto tântrico muito complicado, e pensou de si para si. "As pessoas dizem que eu sou muito erudito e na verdade sou porque compreendo tudo". Estava muito contente consigo mesmo e bastante orgulhoso! Pensava compreender tudo. Pouco depois uma sombra poisou sobre o seu livro. Ele olhou para cima e viu uma mulher muito velha, de pé junto dele, olhando-o. Os olhos dela pareciam atravessá-lo enquanto dizia: "Tu não sabes absolutamente nada!". Naropa olhou para cima e exclamou: "É verdade, eu não sei nada, conheço apenas as palavras, não sei por experiência o que elas significam. Na realidade nada sei". E perguntou: "E quem sabe, então?". Ela respondeu: "Tilopa, o meu irmão, ele sabe."

Imediatamente, como no caso de Milarepa, Naropa não teve dúvidas, "Sim, tenho que encontrar Tilopa". Nem guardou os livros, levantou-se, partiu e durante treze anos não voltou. Por fim, encontrou Tilopa mas ele deu-lhe problemas sem fim. Mandou Naropa fazer todo o tipo de tarefas loucas, algumas delas realmente impossíveis. Diz-se que, tentando obedecer a Tilopa, Naropa quase morreu treze vezes. Mas estas são histórias raras sobre pessoas muito especiais, ensinamentos extraordinários, feitos raros, devoção e ausência de dúvida. Não significa que todos nós tenhamos que passar por isto. Provavelmente não teremos.

Encontrei pessoas que dizem: "Há quinze anos que estou à espera de encontrar o meu guru, quando é que ele vai aparecer? O que faço, entretanto?" Ficam totalmente frustradas. O guru tanto pode aparecer como não, não devemos esperar até que isso aconteça. É escusado ficarmos frustrados. Encontrar os ensinamentos e as instruções é o mais importante. Isto permite-nos dar o primeiro passo. Começar a aprender. Não é assim tão importante a pessoa de quem recebemos os ensinamentos. Aprendemos e praticamo-los durante algum tempo e, quando temos alguma compreensão e experiência deles, a nossa confiança no mestre crescerá naturalmente. Quanto mais conhecermos o mestre ou o amigo espiritual, mais confiança teremos. A confiança e a certeza não surgem logo, embora possa acontecer com algumas pessoas. Habitualmente, tem que se desenvolver lentamente. Baseia-se na compreensão e na experiência. Por isso não olhamos para ele ou ela e dizemos: "Fantástico, confio plenamente nesta pessoa." Geralmente não ocorre assim. Temos de compreender o mestre e conhecê-lo melhor. Passado algum tempo, a confiança surgirá. E quanto melhor compreendermos os ensinamentos, mais confiança teremos.

Esta é uma relação baseada na compreensão e no ensinamento, não é apenas mais uma relação pessoal. Quanto mais experimentarmos e compreendermos os ensinamentos, mais a nossa confiança e fé no mestre se desenvolverá e mais crescerá a nossa devoção. Falei de Milarepa. O melhor aluno dele foi Gampopa, que também teve uma forte e próxima relação com o seu mestre. Milarepa deu a Gampopa todos os ensinamentos e instruções e Gampopa praticou-os intensamente. Quando Gampopa acabou o seu treino, Milarepa disse: "Agora podes ir, podes voltar para casa". A casa de Gampopa era no Tibete Central. "Volta para casa e pratica lá. Um dia ver-me-ás, eu, o teu velho pai, como o verdadeiro Buda e então poderás ensinar os outros." Com isto Milarepa quis dizer que, quando somos capazes de ver o nosso mestre como o verdadeiro Buda, alcançámos a realização total do que o mestre nos ensinou.

Mas, quem é o verdadeiro Buda? Buda é aquele que nos mostra o caminho, o que nos ajuda a compreender a Via, não é mais ninguém. A verdadeira atividade de Buda é dar os ensinamentos, guiar e mostrar o caminho. Se o mestre nos mostrou o caminho e nós o experimentámos por nós próprios, então sentimos uma tal gratidão e confiança, uma tal compreensão e devoção, que vemos aquela pessoa como o Buda em realidade. Quanto mais confiança gerarmos, mais devoção desenvolveremos pelo mestre e isto quer dizer que os ensinamentos nos ajudaram, significa que os compreendemos e isso é uma consequência direta da nossa devoção.

O que quero deixar claro, é que a confiança e a fé no mestre têm de ser desenvolvidas através da experiência pessoal e da prática dos ensinamentos. Não é possível sentir esse tipo de devoção e de confiança absolutas desde logo. Para os seres comuns que nós somos, que talvez não sintamos de imediato uma confiança absoluta no amigo espiritual, isto é normal. Nesse momento não somos capazes de mais. Mas temos de continuar a examinar o mestre. Quanto mais o observarmos e descobrirmos as suas qualidades, mais começaremos a confiar nele, a abrirmo-nos aos ensinamentos e a compreendê-los melhor. É também verdade que, quanto mais nos abrirmos, mais beneficiaremos dos ensinamentos. Isto é algo que deve ser claramente compreendido. Primeiro encontramos um mestre com qualidades e esse é o ponto de partida. Continuamos também a examinar o mestre e os ensinamentos. Lentamente, à medida que vamos compreendendo melhor, a confiança cresce e transforma-se em devoção.

Mas é muito importante que tudo isto se baseie nos ensinamentos. Buda disse: "Não confiem na personalidade do mestre, confiem no Dharma". Isto porque o mestre não é mais importante que o Dharma; o Dharma é que é mais importante que o mestre. Quando confiamos no Dharma e o compreendemos, a nossa certeza aumenta e também a confiança na pessoa que o ensina. Se reconhecermos que o mestre age de acordo com o Dharma, então, naturalmente, confiamos nele em virtude da confiança que temos no Dharma.

Devoção

A Prática do Guru Yoga usa o guru como uma técnica de meditação, como uma prática, que fará surgir a natureza da nossa própria mente na meditação. Fazemos esta prática com a intenção de revelar a nossa natureza búdica a fim de nos tornarmos totalmente abertos e naturais. Durante esta prática usamos a devoção como uma ferramenta pois a confiança e a devoção são instrumentos muito importantes para a prática. A devoção é uma emoção muito luminosa. Através da confiança e da devoção podemos abrir o coração e essa é a mais importante das práticas. A devoção é uma emoção positiva, não é um conceito. É luminosa e brilhante e um poderoso instrumento na meditação.

O Guru Ioga é a melhor maneira de gerar devoção. Não é só por se basear no nosso amigo ou mestre espiritual, mas também porque veicula a energia de todos os seres iluminados do passado. Usamos a energia iluminada de todos os Budas e Bodhisattvas e, claro, a do nosso próprio mestre.

O nosso mestre é escolhido por nós e não o contrário. É muito importante lembrar isto. O discípulo encontra o mestre. Entre todas as diferentes tradições e escolas e entre todos os grandes e bondosos mestres e instrutores, escolhemos o nosso, usando o nosso próprio discernimento. Escolhemos o mestre em quem sentimos que podemos confiar e que mais nos vai ajudar. Portanto, de todos os que encontrámos ou conhecemos, esse é aquele com quem sentimos a maior ligação, em quem sabemos que podemos confiar, tanto a nível dos seus ensinamentos como de tudo o que lhe diz respeito. Pomos toda a nossa confiança nele. Através deste método, podemos até desenvolver mais confiança e devoção. O Guru Ioga é usado desta maneira, de forma a realçar a nossa abertura e confiança. Esta é a prática e dentro dela tentamos ver tudo como positivo e como a manifestação do mestre.

O guru, do ponto de vista Budista, não é apenas uma pessoa. O guru não é só o mestre exterior, mas o mestre interior. Isto é muito importante porque, na verdade, é o mestre interior que decide quem será o mestre exterior. O mestre interior é a nossa própria bondade básica, a nossa natureza de Buda, a nossa sabedoria primordial e, neste processo, tudo se transforma no nosso mestre. Chama-se a isto "o guru dos sinais". Todas as aparências, tudo à nossa volta, pode ser o mestre. Podemos aprender com toda e qualquer manifestação. Esta é a prática principal. Assim, guiados pelo mestre exterior, entramos em contato com o mestre interior e, através dessa interação, podemos aprender com tudo o que nos aparece, de tal modo que tudo, absolutamente tudo o que se manifesta, se transforma no nosso mestre. Esta é a maneira adequada de nos relacionarmos com o mestre.

Confiar no Dharma

A coisa mais importante na relação mestre-discípulo é aprender o Dharma. É muito importante fazer perguntas e comunicar pois, de contrário, pouco acontecerá. Milarepa disse de Gampopa: "Foi aquele que mais depressa aprendeu. Ele é o herdeiro da minha linhagem porque sabe como colocar questões." Aprender é vital, não basta dizer: "Este é o meu Lama." Temos de receber ensinamentos e ele tem de responder às nossas perguntas. Terá de explicar uma e outra vez tudo o que não conseguimos entender. Só assim aprofundamos a nossa compreensão e fazemos progressos.

Como disse antes, não é preciso confiar na personalidade, é preciso é confiar no Dharma. Também não temos de depender do guru para tudo. Temos de ser livres. Existe o conceito errado de que temos de lhe entregar a nossa liberdade. É um erro. A nossa vida é nossa e não pertence ao guru nem a ninguém. Claro que podemos aprender com o guru qual será a melhor ou pior coisa a fazer numa determinada situação, mas ninguém deve apoderar-se de nós ou da nossa vida. Se perguntarmos ao nosso mestre: "Devo tomar o pequeno almoço às oito ou às nove?" Ele poderá responder: "Porque não?" ou "Talvez sim, talvez não, toma-o quando tiveres tempo." Sempre que fazemos uma pergunta a um mestre, ele tem de nos responder. Se perguntarmos qual é a cor do papel higiénico que devemos usar, ele poderá responder que não tem importância ou que prefere branco. Mas, na verdade, estas perguntas são desnecessárias e todos nós o percebemos. O que importa é a prática e a ajuda que o mestre nos pode dar, guiando-nos pelo caminho do Dharma. Claro que não faz mal aconselharmo-nos com o mestre sobre uma certa situação da nossa vida mas, por vezes, pode ser uma fonte de problemas para o discípulo e para o mestre. Pode acontecer que os discípulos interpretem mal esses conselhos e achem que o mestre sempre lhes diz o que devem fazer ou não fazer. Mas o objetivo da relação entre mestre e discípulo é aprendermos a libertar-nos do medo e da aversão. Trata-se de libertação. Esta é a interpretação correta.

Temos de aprender por nós mesmos a tornarmo-nos livres. A sermos livres na nossa mente. A sermos suficientemente corajosos para tomarmos as decisões corretas sobre a nossa vida. É isto que se aprende com um guru.

Na relação mestre-discípulo o mais importante é aprender o Dharma e a melhor maneira de o praticar. Mas, neste sentido, aprender não é só receber informação. Aprender é ter a experiência direta do Dharma, da via, e isto não nos pode ser dado por outra pessoa. É a nossa experiência pessoal da via. A prática tem de se aprofundar progressivamente, à medida que a compreensão aumenta, e as ações têm de estar em conformidade. Também não é preciso receber muitas práticas. Depois de termos aprofundado uma prática e sentirmos que a compreendemos, se surgirem algumas experiências, devemos falar delas com o mestre. Tentamos explicá-las de modo a podermos clarificá-las e seguir em frente. No processo, a via torna-se numa troca de experiências entre nós e o nosso mestre. Aprender com o mestre não é como ir a uma conferência numa universidade, ouvir o palestrante, tomar notas e pronto! É algo de mais experimental, mais prático. É um aprofundamento dos diferentes níveis de experiência. É um processo de amadurecimento que leva tempo e precisa de prática. Não acontece facilmente nem sem esforço.

Por vezes a comunicação entre o discípulo e o mestre pode ser difícil. Posso ter algo em mente e querer dizê-lo, mas vocês ouvem algo completamente diferente. Por isso às vezes é-vos muito difícil compreender exatamente o que estou a dizer. Acontece com frequência que, embora estejamos ambos a usar as mesmas palavras, a comunicação não se processa bem. Na realidade as mesmas palavras têm significados diferentes para cada pessoa. Diz-se que, habitualmente, cada conversa tem quatro versões diferentes. A primeira versão é o sentido que o orador lhe quer dar; a segunda é o sentido que ele acaba por lhe dar; a terceira é o que os ouvintes ouvem (que, na verdade, podem ser tantas quantos os ouvintes); e finalmente há a versão que é contada! Uma palestra, quatro versões diferentes. Comunicar não é fácil porque ninguém tem a experiência de outra pessoa, ninguém consegue sentir o outro diretamente. Assim, transmitir a outra pessoa uma experiência pessoal é muito difícil. Temos de nos esforçar bastante. Contudo, tem de haver confiança e tem de ser uma partilha com significado. Quanto maior for a confiança, melhor. Como mencionei atrás não conseguimos ter esse tipo de confiança desde o início. Geralmente isso não é possível.

Perguntas e respostas

Pergunta: Disse que o importante era o Dharma, que não nos devíamos deixar levar pela personalidade. Mas não poderá ser mais fácil no início desta relação mestre-discípulo sentir alguma empatia com a personalidade do mestre?

Rinpoche: Sim, isso pode acontecer. Por vezes isso ocorre quando se encontra um grande mestre. Conheço muita gente que conheceu o XVI Karmapa e diz: "Não sabia nada de nada, mas não podia deixar de confiar totalmente naquela pessoa." Passa-se o mesmo com o Dalai Lama: muitas pessoas só o viram uma vez mas sabem que podem confiar totalmente nele. Tanta gente se interessou pelo Dharma apenas porque se cruzou com grandes mestres. Mas, o mais importante continua a ser o ensinamento. Imaginem que conhecemos S.S. O Dalai Lama e sentimos uma verdadeira devoção por ele. Isto é ótimo. Porém, pode acontecer que depois alguém nos conte algo que crie uma dúvida na nossa mente e nos leve a pensar: "Será que estou errado?" Aquela total confiança inicial pode ser facilmente destruída quando a dúvida surge. Quando aprofundamos a nossa compreensão dos ensinamentos, é mais difícil ficar com dúvidas. É por isto que a experiência resultante da nossa própria prática é tão importante.

Pergunta: Rinpoche, referiu-se à devoção como a uma emoção luminosa. Pode explicar um pouco mais sobre o que entende por uma emoção luminosa?

Rinpoche: Uma emoção luminosa significa uma abertura de coração. Quando surge a devoção ela abre o coração e, simultaneamente, há uma reação física. Sentimo-nos inspirados. Os pensamentos e as ideias não são uma obstrução. É uma emoção que surge como qualquer outra. A devoção vem diretamente do coração.

Pergunta: É espaçosa?

Rinpoche: Talvez espaçosa, mas não foi o que quis dizer quando lhe chamei luminosa. O que quis dizer com a palavra luminosa é que a devoção não é uma emoção perturbadora. É abertura do coração e inspira-nos. Quando a devoção surge, algo acontece no coração. Podemos ficar arrepiados, com os olhos marejados de lágrimas e, nesse momento, não há pensamentos. A nossa mente torna-se límpida e os pensamentos, a confusão e as dúvidas desaparecem. Existe apenas esta emoção luminosa. Penso que percebem o que quero dizer, não é verdade?

Pergunta: Se o nosso mestre não estiver fisicamente por perto a maior parte das vezes, será a prática do Guru Ioga a melhor maneira de conservar viva essa devoção?

Rinpoche: Na prática do Guru Ioga não interessa se o mestre está perto ou longe. É uma prática poderosa. Na verdade, por vezes, penso que acaba por não ter muito a ver com o próprio guru! Mas temos de aprender e de comunicar com o mestre. Há um ditado que diz: "O melhor é que o guru não esteja nem demasiado perto nem demasiado longe." Porque, se está demasiado longe, nunca podemos estar com ele, o que não é bom. E, se está demasiado perto, vemos demasiados problemas, o que também não é bom. Por isso o melhor é vê-lo de vez em quando. Devemos usar esse tempo para clarificar os nossos problemas, para ver se percebemos bem os ensinamentos. O principal é esclarecer a nossa prática e receber tantos ensinamentos quanto possível. Mas não é preciso receber ensinamentos de apenas um guru e também penso que não é preciso ter apenas um guru. Há outros que também parecem pensar assim. Não é um casamento. Podemos ter muitos gurus, não há nada de mal nisso. Eu não tenho nenhum problema com isso.

Pergunta: Rinpoche, o que disse acerca do mestre interior marcou-me e fez-me pensar em algo que já me aconteceu. Conheço outras pessoas que também me disseram terem experimentado algo parecido. Quando atravessamos momentos muito difíceis, temos como uma espécie de voz amiga dentro de nós, que não é diferente da nossa própria voz. Conectamo-nos com algo em nós que é muito sábio e cheio de compaixão. É algo dentro de nós mesmos, que não está relacionado com qualquer outra pessoa que conheçamos. Pergunto-me se esse tipo de experiência não será o guru interior?

Rinpoche: Talvez possamos chamar-lhe o guru interior. Uma intuição interior. Talvez eu não deva dizer muito acerca disto. Temos de ouvir a nossa voz interior mas isso pode, por vezes, ser um pouco enganador. Pode ser o nosso ego a falar, tentando justificar alguma coisa que fizemos ou estamos para fazer, fazendo-se passar pelo nosso guru interior. Portanto, podemos escutar a nossa voz interior, mas não demasiado.

Pergunta: Por favor, pode falar um pouco sobre os seus gurus, os seus próprios mestres.

Rinpoche: Tenho demasiados Mestres! Considero S.S. o XVI Karmapa e Dilgo Kyentse Rinpoche como os meus mestres principais. Depois tenho muitos, muitos Lamas com quem estudei e considero que todos eles são meus gurus. E acredito verdadeiramente que alguns deles eram realizados e extremamente compassivos.

Pergunta: Rinpoche, e acerca da devoção ao guru exterior? Parece que não encoraja as prosternações. Parece ser mais informal. Como é que se sente em relação a formas exteriores de respeito como as prosternações?

Rinpoche: Prosternar-se perante o mestre é uma tradição. Respeitar o mestre é respeitar os ensinamentos. Na sociedade Indiana e Tibetana sentam um mestre num trono elevado, mostram imenso respeito e fazem prosternações, que não são necessariamente uma demonstração de respeito à pessoa, mas aos ensinamentos. É uma forma de mostrar o quanto respeitam as instruções e os ensinamentos. É esse o sentido. Se fizermos prosternações como uma forma de demonstrar respeito e para subjugar o nosso próprio orgulho, é ótimo. Mas, por vezes, isto é mal compreendido. Pode ser visto como fazendo parte da teocracia Tibetana em que os Lamas se sentam em tronos elevados e todos têm de se prosternar perante eles! Se virmos isto desta maneira, torna-se negativo.

A Morte e o Morrer
O nosso maior medo

Às vezes acho que ninguém quer usar a palavra morte e tão pouco pensar nela. Porém, faz parte da vida. Assim que nascemos começamos a morrer. Há pouco tempo alguém me enviou um vídeo do YouTube onde se vê um bebé que nasce, saindo da mãe como um foguete! Era engraçado! Ao som do seu choro (o som era um ahhhhhhh contínuo e assustador!) o bebé vai pelos ares, crescendo e envelhecendo. Primeiro torna-se numa criança, depois num jovem e, por fim, num velho. O filme acaba com o velho a cair no túmulo. Talvez não seja exatamente assim - costumamos ter alguma vida nesse intervalo de tempo. A maior parte de nós tem medo de morrer - é o desconhecido. Na verdade, não há ninguém que não tenha medo de morrer. E os que se gabam de não ter são, em geral, os que mais o receiam.

Do ponto de vista Budista, a maior parte dos nossos medos estão relacionados com a morte e com o nascimento. O nascimento e a morte são as duas principais origens dos traumas. Claro que há outras, mas os traumas mais básicos e profundos vêm destes dois momentos. Por isso é contraproducente tentar ignorar a morte - é simplesmente impossível ignorá-la. Todos vamos morrer - nós e todos aqueles que amamos. Todos perdemos pessoas que amámos muito e é fundamental que o enfrentemos. A única maneira de lidarmos e ultrapassarmos os nossos medos é encará-los. Só enfrentando e tentando compreender o que mais tememos, é que conseguimos ver a verdadeira natureza do medo.

Por isso é importante compreendermos o que é a morte e aceitarmos a sua inevitabilidade, de modo a estarmos preparados para ela. A morte é estudada em profundidade por todas as tradições Budistas. É um assunto que é investigado e discutido. É suposto reflectirmos sobre ela e usá-la na nossa prática diária.

Tudo muda

O facto mais importante sobre o qual devemos reflectir é que a nossa vida muda. Esta mudança é uma coisa natural, pois tudo muda constantemente. Mas, frequentemente, queremos que tudo fique igual, que nada mude. Quando perguntamos a crianças pequenas o que querem vir a ser quando crescerem, elas geralmente dizem: "Vou ficar igual ao que sou agora". Gostaríamos que as coisas ficassem iguais, mas isso não é possível. Não podemos ser crianças para sempre.

Há pessoas que festejam o aniversário e outras que não. Há pessoas que não querem celebrar porque se sentem mal, quase traumatizadas com o facto de fazerem anos. Ontem tinha 59 anos e hoje tenho 60! Não nos podemos esquecer que não mudamos apenas no aniversário, estamos sempre a mudar. A mudança faz parte da vida. De certo modo, cada momento é uma morte e um nascimento. Todos os dias morremos e nascemos porque dormimos à noite e levantamo-nos de manhã. Alguém me disse que, ao que parece, no final do dia o nosso corpo encolheu alguns milímetros. Não sei exatamente quantos mas, na manhã seguinte, voltamos ao nosso tamanho habitual. Estamos sempre a mudar. Claro que a morte é uma mudança mais radical porque abandonamos o corpo que se dissolve nos quatro elementos. Por outro lado, se observarmos a consciência, vemos que ela tem o seu próprio fluxo. Este é o principal ponto de vista Budista.

Estado de presença

Enquanto estamos vivos, o corpo e a mente são quase inseparáveis, são interdependentes. O que quer que aconteça na mente reflete-se no corpo e o que acontece no corpo reflete-se na mente. Algumas pessoas pensam que experimentam as coisas ou a nível psicológico ou a nível físico, e que a experiência física é muito mais forte do que a psicológica. Mas toda e qualquer experiência mental também é física, também é experimentada pelo corpo.

Quando sentimos tristeza, ou qualquer outra emoção, ela reflete-se imediatamente a nível físico. Vê-se no rosto, sente-se no corpo. O medo é físico, assim como a dor. Quando nos zangamos ficamos com a cara vermelha e azul, os olhos esbugalhados e quase sai fumo das nossas orelhas! Não exatamente, mas quase. Todas estas reações são físicas. O corpo e a mente influenciam-se mutuamente, têm experiências simultâneas.

Mas, além disto, a perceção Budista é que a mente tem a característica de estar consciente e esta consciência não se limita ao corpo. A mente pode ter consciência de muito mais do que o corpo e do que está dentro dele. Podemos ver e sentir para além do tempo e do espaço em que estamos. Portanto, a mente tem o seu próprio fluxo.

Este aspeto da mente tem sido experimentado por muitos meditadores e por diferentes tipos de pessoas com poderes psíquicos, bem como por pessoas que tiveram experiências de quase morte. Mesmo quando perdemos a capacidade física de contactar com os outros, ou quando somos declarados mortos, a nossa mente é capaz de ver o que está a acontecer à nossa volta e também o que está para lá da nossa visão normal. Assim, deste ponto de vista, a mente não é apenas o corpo. Ela tem o seu próprio fluxo tal como o corpo tem o seu. É muito importante ter isto em conta. Se o corpo fosse de mesma natureza que a mente, e esta fosse uma mera parte do corpo, quando se dá a morte física, não haveria nada a temer pois seria o fim de tudo. Mas, se existe um fluxo, o que é que continua e como? Do ponto de vista Budista isto é muito importante. O estado de presença continua. Este estado de presença não é uma coisa; não é algo que se possa pôr numa caixa ou algo que se possa agarrar com uma pinça e dizer: "Aqui está!". Logo, como esse estado de presença não tem substância, não pode ser extinto ou destruído, tem de continuar, tem de prosseguir. Temos de compreender que não se justifica ter medo pois a morte é apenas mais uma mudança neste fluxo. Uma mudança maior que dormir ou acordar, mas apenas uma mudança. Não é o fim. Esta é a visão de muitas tradições espirituais. Mas, do ponto de vista Budista, a morte não é apenas uma continuação, a morte é uma oportunidade.

Tudo muda a cada momento. A vida é uma mudança constante. O processo da morte também é uma mudança constante. Chamamos-lhe bardo que significa "intermédio" ou "transição". A vida, tal como a morte, é uma transição. São ciclos de transição, como uma viagem. Temos por isso esta grande oportunidade, quando estamos vivos, tendo obtido esta maravilhosa vida humana, de a aproveitarmos como a nossa viagem, o nosso caminho. Temos de nos lembrar de como somos afortunados em ter esta preciosa vida humana, pois é muito importante reconhecer e aceitar o lado positivo da nossa vida.

Felicidade

Podemos ter muitos problemas na vida. Há muitos problemas no mundo mas, mesmo assim, estamos vivos. Temos tantas coisas boas de que podemos desfrutar e fazer na vida. Mas, do ponto de vista Budista, esta vida é importante porque nos dá a oportunidade de encontrarmos a verdadeira paz, a alegria e a felicidade. Se nos sentimos felizes ou não, se a nossa mente está alegre, em paz e contente ou não, não depende do que temos ou do que se passa à nossa volta. Depende apenas da forma como nos experimentamos a nós próprios. Se realmente aprendermos a sentir-nos de forma adequada e profunda, trazendo à tona a paz e felicidade naturais que existem dentro de nós, poderemos ser a pessoa mais feliz do planeta e isso é uma grande oportunidade.

Falei recentemente com um cientista que me descreveu a pesquisa sobre os efeitos da meditação. Fizeram um teste ao cérebro de um certo Lama que medita há muitos anos. Sabia-se que existe uma área do cérebro que regista o nível de felicidade de alguém e queriam ver se havia alterações nesta zona em alguém que medite. Descobriram que, no cérebro desta pessoa, essa área estava mil vezes mais ativa do que no cérebro das pessoas comuns. A primeira reação foi pensarem que o equipamento que usavam para medir a atividade cerebral estaria avariado. Concluíram que o teste não era válido. Então fizeram mais testes em diferentes partes do mundo, com equipamentos diferentes, sempre com o mesmo Lama, e obtiveram exatamente os mesmos resultados. Acharam que era impossível e, por isso, mantiveram os resultados secretos. Concluíram que, ou aquele homem era totalmente louco, ou havia algo de errado com o teste. Mais tarde repetiram o teste com outros Lamas, meditadores de longo prazo, e chegaram a resultados semelhantes. Portanto parece que há uma maneira de atingir a felicidade através da meditação. Se realmente praticarmos, podemos ser felizes!

Morte, a grande oportunidade

Temos a oportunidade de atingirmos a felicidade e a libertação nesta vida, mas também, e muito mais até, no momento da morte. Porque, no momento da morte, com a dissolução do corpo exterior e daquilo a que chamamos a mente grosseira (ou os fatores mentais mais densos), manifestam-se as emoções, que se dissolvem também na consciência mais profunda, o estado mais natural da mente. Este estado não está contaminado por conceitos e emoções e é algo que todos podemos experienciar. Quando o estado natural da mente é experimentado e reconhecido, podemos libertar-nos dos nossos problemas, emoções e reações. Neste estado, as reações emocionais habituais, a rejeição e as outras emoções negativas habituais são desnecessárias. Diz-se, por isso, que podemos atingir a libertação neste estado. O que continua então é o mais iluminado, mais realizado, mais profundo nível de paz, alegria e compaixão.

A morte é semelhante a estar a dormir. Quando adormecemos, a nossa consciência vai mergulhando cada vez mais fundo. Vai tão fundo que ficamos inconscientes. Deste estado reemergimos para um nível de sono mais leve, começamos a sonhar e vamos lentamente acordando. A morte é um processo semelhante. Vamos para aquilo a que chamamos a Clara Luz, o nível mais profundo da nossa consciência. É um nível de consciência muito subtil, não perturbado pelas emoções. Aqui podemos experimentar a iluminação mas, se não formos capazes de a reconhecer, voltamos para uma consciência que é semelhante ao estado de sonho. Basicamente, este estado do bardo é semelhante ao estado de sonho. Assemelha-se ao estado em que estamos a sonhar, mas pensamos que estamos acordados. É como se tivéssemos um corpo de sonho, com todo o tipo de experiências que parecem muito reais, mas não temos um corpo físico. Diz-se que o estado no bardo é assim.

Quando sonhamos estamos conscientes, mas a maneira como reagimos no sonho não é a mesma de quando estamos acordados. No estado de sonho somos mais levados pelo subconsciente e as tendências habituais. Por isso sempre se diz que a forma como experimentamos os sonhos e a maneira como reagimos neles é parecida com o modo como iremos reagir no bardo, depois da morte. No Budismo existem exercícios do Ioga do Sonho para nos treinarmos nos sonhos. Se conseguirmos fazê-lo bem, se nos sonhos conseguirmos reagir de forma mais positiva, será uma boa preparação para a morte. Depois, quando nos encontrarmos no bardo, reconheceremos claramente que o estado do bardo é muito semelhante ao sonho. Atravessá-lo-emos como se fora um sonho, nem mais, nem menos. Quando percebemos que um sonho é apenas um sonho, reagimos de maneira diferente do que quando não sabemos que é um sonho.

Uma vez sonhei que estava a ser comido por um tigre e fui engolido. Pensei: "Agora estou na barriga do tigre." E imaginava como seria dentro da barriga dele. Quando tomei consciência de que era um sonho, não tive mais problemas nem medo. Não tenho esta consciência muitas vezes, mas às vezes acontece. Se formos realmente capazes de nos treinarmos durante os sonhos, e desejarmos que alguma coisa aconteça connosco ou com as circunstâncias do sonho, podemos fazê-lo - é só um sonho!

Esta é a compreensão de que também precisamos no bardo. Aí, só temos um corpo mental, semelhante ao do sonho, logo, por exemplo, se quisermos estar nalgum lugar, ir de imediato a qualquer lugar, a nossa mente fá-lo-á acontecer. Estaremos lá instantaneamente! E isto é possível porque no bardo só há mente.

A verdadeira prática: permanecer com o que é

Este tipo de percepção e maneira de experimentar o aqui e agora, seja através de meditação, reflexão ou exercícios de treino mental é uma preparação para a morte. Não é só dizer que não vamos ter medo no momento da morte, mas é compreender que não há razão para termos medo, já que esse medo não impede o que de mau possa acontecer. Estarmos aterrorizados não impede que as coisas aconteçam! Só cria mais problemas e mais medo. O medo é totalmente inútil, não ajuda minimamente. É muito importante compreender que, com a ajuda do treino e da meditação, e também pela nossa própria compreensão, podemos deixar estas experiências irem e virem, quer elas sejam positivas ou negativas. Qualquer experiência, na verdade, é apenas um momento no nosso estado de presença. Não podemos experienciar nada que não sejamos nós, a nossa própria experiência. É uma manifestação da nossa mente pois fora dela nada podemos experienciar. Assim, quando sinto algo agradável – é bom – mas é também uma experiência da minha mente. Surge e como que aparece da minha mente e, quando desaparece, dissolve-se nela. Não há qualquer outro lugar para onde possa ir.

Todas as experiências são reflexos, manifestações da nossa mente. Por isso, pensamentos e emoções positivos surgem e dissolvem-se na nossa mente. São como as ondas do oceano, como o sol e os seus raios, como o corpo e a sua sombra. Tudo é criação nossa. Quando conseguimos ver e compreender isto profundamente, quando a tristeza ou a alegria surgem na nossa mente, podemos deixá-las surgir e relaxar. Se a tristeza surgir, deixo-a surgir e relaxo. Se a alegria surgir, desfruto dela e relaxo também. As coisas boas, como as más, vão e vêm. Tudo muda. Não importa muito. Este é o fluxo natural das coisas. Tudo vai e vem. É um pouco como bolhas de água. Não podemos agarrar-nos demais nem sentir demasiada aversão, afirmando peremptoriamente que algo é bom ou mau. Às vezes, o excesso de algo bom pode ser nefasto. Quando aprendemos a deixar as coisas ir e vir, descobrimos que tudo pode estar bem, que é possível aceitar tudo o que surja no nosso caminho. Teremos então uma melhor compreensão e saberemos como viver a nossa vida e estar sempre satisfeitos. Com esta compreensão e experiência, entendemos que morrer não tem importância. O que quer que aconteça, a vida ou a morte, estamos sempre bem. Quando temos este entendimento, somos estáveis, a nossa mente estabilizou. Seja o que for que aconteça, as coisas não nos abalam. Este tipo de experiência é a verdadeira preparação para a morte e também para a vida.

Ajudar-nos a nós e aos outros

Deste modo, compreendendo que a morte e a vida não são duas coisas diferentes, mas os dois lados de uma mesma moeda, e que isto é um processo contínuo e interdependente, uma transição, ficamos menos preocupados e com menos medo. Quanto maior estabilidade alcançarmos, mais profundamente aprenderemos a apenas ser. Então, poderemos ajudar os outros - pois só os poderemos ajudar quando estivermos estáveis. É por isso que a primeira coisa e a mais importante é ajudar-nos a nós próprios, trabalhar sobre nós. Assim, quando temos nem que seja um pouco de estabilidade, ganhamos alguma confiança e mais compaixão. Não temos que andar sempre a correr atrás ou a fugir das coisas, porque estamos confortáveis com o que acontece. A nossa reação habitual é perseguir algo ou fugir de algo e é isso que causa o stress e as preocupações. Ficamos stressados tentando resolver problemas, manipular situações, fugir das coisas e isto torna-nos muito infelizes. Mas, com um pouco de discernimento, podemos começar a mudar o modo como vemos e reagimos às coisas. Quando nos acalmamos, somos mais bondosos e compassivos. Podemos dar mais, ser mais generosos com as pessoas. Podemos ser mais afetuosos, partilhar mais e mesmo ajudar a diferentes níveis. A coisa mais importante de que as pessoas precisam, quer estejam vivas ou a morrer, é de amor. Todos precisamos de amor e de pessoas que se importem connosco. Este é o significado da amizade. Precisamos de sentir que somos importantes para alguém. Que alguém se importa connosco e nós nos importamos com eles. Não há uma única pessoa no mundo que não necessite de ser amada e acarinhada. Por isso, se estivermos estáveis e em paz, podemos ser mais compreensivos com os que estão amedrontados com a vida ou com a morte. Podemos dizer-lhes que não há necessidade de sentirem ansiedade nem medo. Que é possível atravessar estas coisas sem grande ansiedade, pânico ou medo.

A principal ideia é tentar ajudarmo-nos a nós e aos outros, nos bons e nos maus momentos. Penso que é bastante importante estar muito consciente de quão depressa as coisas podem mudar. É essencial ter consciência da impermanência. Quando as pessoas ouvem a palavra impermanência, por vezes ficam muito assustadas. Mas, falar de impermanência, mudança e morte é muito útil. Li algures uma história sobre um preso que viu, escrito na parede da cela: "Tudo isto passará!". Ao fim de muitos anos, quando saiu da prisão, disse que foram aquelas palavras que lhe salvaram a vida. Ele lia-as de manhã e lia-as à noite, e foram elas que lhe deram coragem para sobreviver à sentença, confortando-o na certeza de que aquilo passaria, de que era impermanente.

Quando olhamos para as coisas desta forma, reconhecemos que tudo passa, que a mudança não é má e que faz parte da ordem natural das coisas. Não é mórbido nem terrível. Coisas boas vão e vêm, coisas menos boas vão e vêm, e coisas más também vão e vêm. E são tão boas ou tão más quanto nós as tornamos. Podemos sempre reagir com uma atitude positiva porque mesmo as coisas más têm aspetos positivos.

Quando perguntam a S.S. O Dalai Lama sobre a situação no Tibete, ele responde sempre que é verdade que se trata do pior período da nossa história. Mas acrescenta que, se só nos focássemos nos aspetos negativos dos acontecimentos, queixando-nos da crueldade dos chineses e de que ninguém nos ajuda, perderíamos toda a coragem e ficaríamos verdadeiramente deprimidos. Ficaríamos tão desesperados que tudo perderia o sentido e isto não é bom para ninguém. Logo, temos de pensar com clareza e perceber que estamos numa situação muito difícil. Mas não podemos ficar por aí. Temos que pensar no que podemos fazer para que a situação melhore, seja a que nível for, ou poderemos acabar numa situação ainda pior. Na verdade, isto até é fácil de fazer: quando batemos no fundo, qualquer coisa é uma melhoria. Assim, todos devemos tentar melhorar a situação em que nos encontramos. É sempre possível fazer algo que melhore as coisas e, quando o fazemos, também nos sentimos melhor, mais otimistas quanto ao futuro. Quando abordamos as coisas desta maneira, mesmo a pior situação pode ser melhorada.

Quando nos focamos apenas nas coisas negativas tudo se torna um problema. Mas, se formos capazes de alargar a nossa perspetiva e focarmo-nos em algo positivo, algo que possamos fazer para melhorar a nossa situação, mudamos por completo a atmosfera da nossa experiência.

Perguntas e respostas

Pergunta: Rinpoche, foi muito refrescante ouvir as suas últimas palavras sobre como adoptar uma visão otimista, tentando sempre ver algo de positivo numa situação negativa. É que no Ocidente, a resposta que damos às crianças é muitas vezes: "Bem, podia ser muito pior."

Rinpoche: Mas também não é uma má resposta, já que poderia, efetivamente, ser pior.

Pergunta: Rinpoche, o estado de presença que temos quando estamos vivos é o mesmo que depois da morte? Poderemos reconhecê-lo? Ou seja, se eu tiver medo no momento da morte, a minha mente pode ficar muito alterada, dominada pelo apego, e então qualquer estado de presença que possa ter atingido em vida, pode transformar-se no seu oposto.

Rinpoche: A ideia é que o que somos agora, o nosso estado de espírito, são o resultado do nosso passado. Isto significa que o que quer que tenha acontecido no passado, tudo o que fez com que sejamos o que somos agora e a maneira como reagimos a isso, também é o resultado do que nos aconteceu no passado. Assim, o nosso estado durante o processo da morte ou depois dela, será também um produto de todas as experiências passadas que levamos connosco. A ideia é que se, normalmente, estivermos em paz e formos estáveis nos tempos difíceis que experimentamos nesta vida, no nosso dia-a-dia, reagiremos assim também no momento da morte. Esta é a ideia. É por isso que devemos observar os sonhos. A forma como reagimos aos sonhos desagradáveis e aos pesadelos é uma espécie de teste. O modo como reagimos nos sonhos será o modo como reagiremos no momento da morte.

Pergunta: Tenho feito bastante prática espiritual ao longo da vida e por isso tenho algumas noções sobre isso. Mas ultimamente tenho-me encontrado em situações que me levaram ao limite e o que verifiquei foi que, passado algum tempo, reajo de um modo bastante habitual e, depois, afasto-me da situação para me acalmar um pouco. Quando não é muito mau, não levo muito tempo a regressar a um estado racional. Depois volto à situação. Fico bem durante algum tempo e, subitamente, tudo volta. Será melhor evitar as situações que nos provocam ou enfrentar estes desafios? É uma prática semelhante à de desenvolver um músculo? Por vezes penso que devia evitar e não me submeter a tanta pressão, mas então sinto que estou a fugir à prática. Outras vezes sinto que é bom para mim porque pelo menos há alguma ação.

Rinpoche: A vida é o que é, não é verdade? Ou seja, não é como se bastasse eu não querer que nada de problemático, de negativo ou de provocador acontecesse para o afastar, ou fugir dele, e não ter problemas. Haverá sempre problemas. Mas quando não há, não é preciso procurá-los. Quando surgem, temos de os enfrentar, temos de aprender a lidar com eles. Claro que todas as emoções estão presentes, todas as tendências habituais negativas surgem. Mas penso que, quando conseguimos atravessar estas situações difíceis sem muito dano, isso mostra que algo foi alcançado com a prática e acho que nos devemos congratular com isso.

Pergunta: Rinpoche, que conselhos tem para dar a quem estiver a acompanhar alguém que esteja a morrer. Há bastante tempo atrás estive nessa situação e, embora tentasse ser uma presença atenta e bondosa, senti-me um pouco inútil, não sabia como ajudar nem se era realmente possível ajudar. Pergunto-me o que será realmente possível fazer nestas circunstâncias?

Rinpoche: O momento da morte é um momento muito difícil. A ajuda que podemos dar depende de muitos fatores, estou certo de que, por vezes, não haverá muito a fazer. A pessoa que está a morrer está a passar por aquelas experiências de que vos falei e que não podem ser partilhadas. Por isso, não se pode ajudar muito um moribundo. Quando estamos a morrer, esse é um processo que nos pertence e que não podemos partilhar nem com o mais querido e mais chegado amigo. Ninguém pode fazer grande coisa. A única coisa que podemos fazer é dar amor e carinho e talvez ajudar a pessoa a sentir que não é preciso ter medo. Já vi isto acontecer. Quando alguém compreende, ainda que um pouco, que o medo não é necessário, fica menos assustado, e isto pode fazer uma grande diferença. No entanto, não basta dizer-lhe: é algo muito difícil e pessoal.

Pergunta: Como é que o Budismo compreende ou traduz o conceito de inferno ou paraíso do Cristianismo?

Rinpoche: O Budismo também tem esses conceitos, embora no Budismo eles sejam considerados impermanentes. O inferno não é para sempre e o paraíso também não. Diz-se que o paraíso e o inferno são estados mentais. Se o nosso estado mental e emocional, assim como a nossa forma de reagir forem muito negativos, teremos uma experiência de inferno; se for um estado mental mais positivo, teremos uma experiência de paraíso. Tendo isto em conta, compreendemos que é fácil criar, para nós mesmos, um inferno ou um céu e, quando estamos nestes estados mentais, eles tornam-se muito reais para nós. Esta é a visão. Essas experiências são sentidas como muito reais embora sejam estados mentais.

Pergunta: Rinpoche, sempre achei e ainda concordo que esta transição, a morte, não tem importância mas, quando se tem filhos, as coisas alteram-se um bocado. Felizmente que nunca me aconteceu; até agora todas as mortes que tive na minha vida foram muito felizes. Estive presente em todas as mortes que ocorreram à minha volta e tudo se passou bem. Mas não quero ter de passar pela morte dos meus filhos, ou a minha própria enquanto eles forem pequenos. Para mim a perspetiva alterou-se, há uma diferença no modo como vejo a morte.

Rinpoche: É verdade que a coisa mais dolorosa que pode acontecer aos pais é a morte dos seus filhos. A morte de qualquer jovem é uma coisa terrível. Morrer enquanto se é jovem significa que não se experimentou totalmente a vida. Não é apenas doloroso para os pais, mas para todos. Claro que a morte é sempre muito dolorosa, seja para quem for. Os nossos entes queridos vão-se e isto não é algo que possamos alguma vez esquecer. Por isso nunca é uma coisa agradável. Contudo também é verdade que tudo muda e, quer se goste ou não, a vida é incerta. O estarmos saudáveis não garante que não possamos morrer. O já termos alguma idade também não significa que vamos morrer em breve. Se estivermos doentes, não é certo que vamos morrer. Por vezes, como se costuma dizer, durante a doença terminal de uma pessoa morrem centenas e até milhares de pessoas totalmente saudáveis. É um facto. Alguns morrem no ventre materno, outros ao nascerem, outros ainda quando são bebés ou muito novos, outros quando são jovens e alguns quando já são muito velhos. Logo, isto é algo que temos de compreender profundamente. Penso que o mais importante é aprender a viver o mais amorosa e harmoniosamente no pouco tempo que temos enquanto estamos juntos. O tempo passa realmente muito depressa e mesmo cem anos é pouco tempo. Vinte ou trinta anos passam num ápice, num pestanejar. E nós nem notamos o quão depressa o tempo passa. Há muitos anos fui à festa de casamento de um dos meus colegas. O tempo passou mas eu fiquei na ideia de que o casamento ocorrera há cerca de três anos. Um dia, um homem de barba veio a uma das minhas palestras e disse-me: "O meu pai pediu-me para o cumprimentar. "Quem é o seu pai?" Perguntei. Quando ele me disse nome, eu percebi que o pai era o meu tal amigo a cujo casamento eu fora e que me parecia ter sido na véspera! A vida é muito curta, por isso o pouco tempo que temos com os amigos, a família, os pais e os filhos devemos vivê-lo da forma mais feliz e carinhosa que for possível. Não há tempo para gastar em desavenças. Acho que esta atitude é muito importante.

Há uma história, penso que das Jataka, os contos de Buda, que fala disto. Havia em tempos uma família, uma mãe e um pai idosos que tinham um filho jovem, casado e com um filho. Eles eram tão bons e carinhosos uns para os outros que se tornaram num exemplo para toda a região. Então, um dia, de repente, o filho morreu. Todos os aldeões ficaram chocados e tristes e foram apresentar as condolências à família. Estranhamente, nem o pai nem a mãe pareciam estar muito pesarosos. A esposa andava nas sua ocupações habituais e parecia ocupar-se delas com alegria. Surpresos, os aldeões perguntaram se era verdade que o jovem tinha morrido e a família disse que sim. Os aldeões não conseguiam perceber como é que a família não estava triste e a chorar. Então o pai disse: "A vida é assim. Éramos uma família muito próxima mas tivemos sempre consciência que qualquer um de nós podia morrer, em qualquer momento. A vida é assim mesmo. E foi por sabermos isto que decidimos amarmo-nos uns aos outros, tanto quanto possível. Tentámos viver cada dia da maneira mais carinhosa e bondosa possível, pois todos sabíamos que qualquer um de nós podia morrer a qualquer instante e que seria então tarde demais para nos arrependermos. Nunca soubemos quem morreria primeiro, mas todos os dias tentamos viver com alegria e amarmo-nos uns aos outros, tanto quanto possível. Agora que aconteceu, estamos felizes por assim termos feito, por termos vivido juntos tão felizes. Como não temos nada a lamentar não há razão para chorarmos."

Claro que, se isso estiver ao nosso alcance, é muito importante fazer tudo para evitar a morte, especialmente a morte dos jovens. Contudo, penso que é por vezes útil lembrarmo-nos que, em qualquer altura, tudo pode acontecer e que precisamos de estar preparados para isso. Esta preparação deve-nos aproximar dos que amamos e fazer-nos mais bondosos uns para os outros. Esta é a única coisa que, na verdade, podemos fazer e é o mais importante.

Pergunta: A minha primeira questão é: a que nível de realização devemos ler o Livro Tibetano dos Mortos, de modo a beneficiar a pessoa que está a morrer? A segunda é: o que aconselha fazer no momento da morte?

Rinpoche: Habitualmente não é necessário ter algum nível de realização para ler o livro tibetano dos mortos. Diz-se que é melhor ser lido na casa do morto por alguém em quem ele tivesse muita confiança. Ou seja, quanto maior a confiança que o morto tivesse na pessoa que lê, melhor seria. Não é necessário que a pessoa que lê tenha alguma realização, mas a pessoa que faz o Phowa, se for possível, deve ser altamente realizado.

Tudo o que mencionei anteriormente são conselhos para a pessoa que está a morrer. Acho que o que é mais importante é não ter muito medo, pois o medo é muito doloroso. É muito demolidor porque leva ao pânico e gera muito sofrimento, uma grande frustração e também muitas emoções negativas. Por isso não é nada bom. Não há necessidade de ter medo ou entrar em pânico. Devemos compreender, o mais profundamente possível, que a melhor coisa a fazer perante a morte é conservar um estado mental calmo e uma mente tão clara e positiva quanto possível.

É isto que se diz ser o mais importante no momento da morte. É válido para todos os momentos, mas especialmente no momento da morte. Se nos concentrarmos em algo positivo, isso será muito bom. Na verdade, todos os diferentes tipos de tradições religiosas e espirituais têm o seu modo de expressar isto. Por exemplo, quem acredita em Deus, reza a Deus. Quem acredita num mestre, num santo ou qualquer outra coisa, talvez em Budas e Bodhisattvas, pensa neles. Seja o que for que seja positivo, não importa muito o quê. No Tibete há uma história que é importante sob muitos aspectos. Diz-se que um Khampa (semelhante a um cow-boy, mas do Tibete oriental) estava a morrer e chamaram um Lama para o ajudar. O Lama disse: "Estás a morrer, por isso pensa no Buda Amitabha, pensa no teu Lama e na Terra de Dewachen." Dewachen é o paraíso do Buda Amithaba e diz-se que é fácil nascer lá. O moribundo disse: "Isso não me vem à mente." O Lama perguntou então: "O que te vem à mente?". "A única coisa que me vem à mente são salsichas grelhadas", respondeu o homem. No Tibete há este tipo de salsichas que se aquecem nas cinzas do lume e que saem quentes e cobertas de cinzas. É delicioso! E o homem disse: "Só consigo pensar nisso." O Lama disse: "Excelente, isso é ótimo! Em Dewachen, essas salsichas grelhadas crescem em todas as árvores. Só tens de abrir a boca e as salsichas caem nela. Até o Buda tem um tom de cinza. Consegues pensar nisso?" "Sim", disse o homem. "Consigo pensar nisso". Deste modo ele morreu a pensar nas salsichas e esta é a ideia. Não são tanto as salsichas grelhadas em si - isso é apenas uma história engraçada que serve de exemplo - mas, se formos capazes de focar a nossa mente em algo positivo como a compaixão, a sabedoria ou em algo que o represente, é excelente morrer assim.

Pergunta: Tenho dois amigos que se suicidaram e, pelo que tenho lido, as pessoas que cometem suicídio tornam-se seres sem corpo. Gostaria de esclarecer isto consigo. O que realmente acontece nestes casos? Há algo que eu possa fazer para os ajudar?

Rinpoche: Normalmente, segundo o ponto de vista Budista, suicidar-se é o mesmo que matar. Logo, não é bom. Quando se comete suicídio não se está num bom estado mental. Está-se zangado ou muito triste, perturbado ou desesperado. Por isso, morrer nesse estado, não é muito favorável pois não se trata de um estado mental positivo. Está-se geralmente concentrado em coisas negativas. Mas, claro que não se deve generalizar demais. Varia de pessoa para pessoa e também da situação em si. Suicidaram muitas pessoas durante a invasão Chinesa ao Tibete. Muitos suicidaram-se porque não conseguiam suportar a dor. No meu próprio Mosteiro no Tibete, 14 monges suicidaram-se porque estavam a ser torturados. Portanto, as pessoas que cometem suicídio estão normalmente a enfrentar grandes dificuldades que não conseguem suportar ou cuja solução não conseguem ver. É, para eles, uma situação desesperada. É muito importante podermos ajudar pessoas nestas situações para que elas possam mudar o seu modo de ver. Às vezes há pessoas que me telefonam e dizem que querem cometer suicídio, mas falamos um pouco e elas não se suicidam. Pode ser que não consigam ver claramente os seus problemas, e falar com alguém ajuda-as a ver as coisas de outra perspetiva.

Na tradição Budista temos várias práticas que podemos fazer por aqueles que morreram. Por exemplo, mostrar-lhes a natureza da mente. Há ensinamentos para trazer de volta a sua mente e práticas para lhes mostrar o caminho. Há muitos tipos de práticas e iniciações. O objetivo de todas elas é ajudar. Claro que as pessoas que fazem estas coisas devem ter compaixão e, se possível, alguma realização. Isso é especialmente importante para as pessoas que morreram de morte não natural. Há práticas específicas para estes casos mas, em geral, penso que todos os tipos de ações positivas, dedicadas a pessoas que morreram, irão ajudá-las.

Pergunta: Isto emocionou-me muito. Na verdade, venho de um funeral e estou muito emocionado. Também evocou em mim uma série de sentimentos de perda. O meu irmão mais novo morreu há alguns anos e não sei o que fazer com essa dor. Queria apagá-la, ir ver televisão ou qualquer outra coisa e não ter que a sentir. Estes pensamentos são como alguém a dizer: "Claro, a impermanência, eu entendo". Mas depois revejo-o a morrer, vezes e vezes sem conta, de uma forma muito negativa. Pergunto-me se não terá alguma sugestão ou prática que eu possa fazer. Percebo que ainda estou muito agarrado ao meu irmão. Sinto falta dele e estou muito apegado a ele. Esse sentimento ressurgiu hoje.

Rinpoche: Quando perdemos alguém que amamos não penso que seja possível superar completamente. Esta é a minha experiência. De certo modo, com o tempo, torna-se mais fácil. Mas é um facto da vida; sempre foi e será assim. Nascemos, vivemos a nossa vida e morremos. Uns morrem mais cedo, outros mais tarde. Temos que o compreender profundamente. Nada nos garante que os nossos filhos, ou qualquer outra pessoa de quem somos próximos, não morram esta noite. Não temos a certeza de que não morreremos esta noite, esta pode ser a nossa última noite. Mas não serve de nada que nós ou outra pessoa qualquer sofra por causa disso. A vida é tão curta que não devemos gastá-la a sofrer. Não há tempo para sofrer pois não sabemos o que chegará primeiro: amanhã ou a morte. Esta é a questão. Os dias sucedem-se e temos de encontrar alguma paz e algum equilíbrio. Seja como for, temos de nos preparar para a morte. Temos de desenvolver um sentimento de urgência em relação a nós mesmos. Quanto mais estivermos preparados, mais confiança teremos de poder ajudar os outros. Ter esta visão e esta experiência é muito importante. Todos nós já perdemos pessoas próximas e queridas e sabemos que podemos morrer a qualquer momento. O tempo que temos agora é muito precioso, mas as coisas podem mudar a qualquer momento. Portanto o pouco tempo que temos não pode ser gasto a sentirmo-nos mal, preocupados ou em conflito com os entes queridos. Devemos usar, da melhor maneira possível, este tempo que temos com os que amamos. Devemos tentar ter alegria e usarmos o tempo de uma forma mais agradável e positiva. Temos também de aprender a sentir-nos bem e em paz. Encontrar a paz dentro de nós tem de ser uma das maiores prioridades, não só porque é importante para o momento da morte, mas também para a vida e sempre. Esta atitude é a principal, a mais importante. Se acreditarmos numa próxima vida em que voltaremos a reencontrar-nos com os que amámos numa ou noutra ocasião, teremos consciência de que, em virtude das ligações kármicas, nunca estaremos totalmente separados deles.

Pergunta: Pode por favor falar um pouco sobre o fenómeno da clarividência? Especialmente em relação ao que se diz que acontece depois de a consciência se separar e poder ser contatada por outros. Pode falar um pouco sobre isso?

Rinpoche: Bem, do ponto de vista Budista considera-se que, como a natureza da mente é cognição e claridade, ela tem a capacidade de conhecer para além dos limites da matéria. A mente tem capacidades de clarividência e mesmo quase de omnisciência. Diz-se que assim é e que esta capacidade se reflete na intuição e noutras capacidades semelhantes. No entanto, isto varia de pessoa para pessoa. Certas pessoas com uma grande realização espiritual, que podem entrar em profunda meditação e têm certas tendências kármicas, podem ver os mortos ou as consciências de outras pessoas. É isto que se diz, mas há uma história:

Milarepa, o grande e famoso Yogi, tinha muitos discípulos. Os pais de um deles eram Bonpos. Quando este discípulo morreu, os outros perguntaram a Milarepa o que tinha acontecido com ele, para onde ele tinha ido. Milarepa disse-lhes que tinha ido para Dewachen, o paraíso ocidental. Os Bonpos fizeram certos rituais durante algum tempo, como era costume. Mas então a consciência do morto pareceu regressar. A consciência foi ter com um médium e falou de muitas coisas. Parecia que era mesmo ele que ali estava e as pessoas ficaram confusas. Então disseram a Milarepa: "Afirmaste que o teu discípulo tinha ido para Dewachen, mas não parece que seja verdade pois, de acordo com este médium, ele está aqui, aparece, diz coisas e sabe de tudo. Como é que pode ser?" Milarepa disse: "Está bem, então da próxima vez que ele vier perguntem-lhe qual foi o nome secreto que Milarepa lhe deu quando ele recebeu a transmissão." Foram-se embora e quando a alma ou a consciência desta pessoa voltou ao médium eles perguntaram-lhe: "Qual foi o nome secreto que Milarepa te deu quando recebeste a transmissão?" A voz pareceu um pouco preocupada e disse: "Não, não me deixaram entrar, fui posto fora do templo, não estive lá." E a consciência foi-se embora. Milarepa disse que há imensos espíritos que fingem ser a consciência de alguns mortos porque sabem tudo acerca do passado da maioria das pessoas. Por isso aparecem e dizem ser este ou aquele. É a sua profissão, o seu passatempo. Há um tipo de ser que faz isso. Por isso, só porque alguma "coisa" diz ser esta ou aquela pessoa, não devemos aceitar e acreditar pois pode não ser verdade.

Pergunta: Rinpoche, isto pode parecer uma pergunta muito estúpida, mas gostaria de ouvir a sua resposta. No Ocidente dizem que quando se tem 40, 50, 60, ou 70 anos é demasiado tarde para mudar. Será que alguma vez é demasiado tarde para trabalhar sobre as nossas tendências habituais? É esta a minha pergunta.

Rinpoche: Não, não penso que alguma vez seja demasiado tarde. Mesmo que tenhamos de começar, podemos começar amanhã! Na verdade, do ponto de vista Budista, as tendências habituais estão sempre presentes. Não é como se os bebés ou as crianças não tivessem hábitos. Isto é muito óbvio quando observamos os bebés. Vi imensos bebés porque tenho muitos sobrinhos e sobrinhas. É fácil perceber que cada um deles é completamente diferente. Não vêm ao mundo com um registo em branco. Chegam com emoções, reações e tendências habituais totalmente desenvolvidas. Vêm com personalidades. Está lá tudo. Claro que quando somos novos é mais fácil aprender línguas, por exemplo, e outras coisas mais rapidamente. Mas acredito que também podemos aprender quando somos mais velhos, especialmente porque a mudança de hábitos não pertence a esse tipo de aprendizagem, é ligeiramente diferente. Não é apenas uma aprendizagem intelectual, a aprendizagem da mente é mais como a aprendizagem do coração. Acho que pode acontecer em qualquer idade.

Pergunta: Pensava especialmente no trabalho sobre a nossa própria mente.

Rinpoche: Sim, penso que pode ocorrer. Talvez até seja melhor quando se tem mais maturidade. Quanto mais velho for, melhor. Porque não?

Pergunta: Faz uma semana que o meu cão, que eu adorava, morreu e o meu maior desejo é que ele consiga renascer como humano. Queria perguntar-lhe como é que os animais podem renascer como humanos. O que precisam ter feito nesta vida?

Rinpoche: Há um ditado Tibetano que diz o seguinte: "Antes de nasceres como um ser humano, nasceste cão e antes de ires para o inferno, foste político!" Espero que não haja aqui políticos! Por isso pode ser que o seu cão se torne num bom ser humano, mas claro que pode sempre dizer orações e fazer ações positivas e dedicá-las em seu benefício.

Pergunta: Rinpoche, posso saber o que pensa sobre isto. Falou em tentar viver a nossa vida mostrando o máximo amor e compaixão possíveis pelos que amamos e pelos outros à nossa volta, durante a nossa curta vida. Também compreendo o que disse sobre a vida ser um ciclo de vida e morte diário. Basicamente falámos da experiência da morte e do pós-morte. Mas, quando as pessoas vão envelhecendo e mudando física e mentalmente, deteriorando-se fisicamente e perdendo a perspicácia e a lucidez mentais, podendo até viver anos e anos com dor, ao ponto de se tornarem um fardo, pode acontecer que nos impacientemos e irritemos com elas, apesar das nossas melhores intenções. Que conselho nos pode dar para nunca nos esquecermos que, no dia em que formos velhos e frágeis, também nós gostaríamos de ter alguém que nos trate com compaixão? O que podemos fazer para não perdermos a paciência e continuarmos a ter bondade, a sentir amor e compaixão, mesmo que seja por um longo período?

Rinpoche: Sim, é verdade, a vida é mesmo assim. Estamos todos muito dependentes uns dos outros. Quando nascemos, dependemos totalmente dos outros, nada podemos fazer sozinhos e as pessoas que cuidam de nós têm de ser extremamente pacientes, não é verdade? Sem o seu cuidado não poderíamos sobreviver. E não é apenas um ano ou dois - por vezes os pais tomam conta dos filhos por mais de vinte anos e, no final, eles ainda se vão embora zangados! É ainda mais difícil, não acha? Alguém que criamos com bondade e paciência, em quem colocamos as nossas esperanças e a quem damos todo o amor, vai embora sem sequer nos agradecer. Isto acontece frequentemente e penso que é muito triste.

Quando estamos doentes, quer sejamos jovens ou velhos, de novo dependemos totalmente dos outros. Quando envelhecemos é quase como se nos tornássemos de novo crianças. Quando estamos doentes e somos jovens, podemos vir a ganhar forças outra vez mas, quando somos velhos, tornamo-nos cada vez mais como crianças. Isto é assim mesmo.

Às vezes as pessoas querem viver muito tempo mas, nalguns casos, isso pode não ser muito bom. Há pessoas que conservam uma mente muito clara e mantêm-se independentes até aos seus oitenta anos, mas há também aqueles que se deterioram muito rapidamente. Depende das pessoas. Todos conhecemos pessoas em ambas as situações. Por isso, acho que é muito bom e muito importante ser o mais bondoso possível, fazer tudo que estiver ao nosso alcance para ajudarmos os idosos. Em regra, para os idosos não há melhoras e, por isso, acho que é ainda mais necessário ser paciente e bondoso para com eles. Como diz, não é fácil mas é muito importante.

Muito obrigado.

Dedicatória

Todo este meu falatório,
Feito em nome do Dharma
Foi posto por escrito fielmente
Pelos meus queridos discípulos de visão pura.

Peço para que, pelo menos, uma fração da sabedoria
Daqueles Mestres Iluminados
Que incansavelmente me treinaram
Transpareça através desta massa de incoerência.

Possam os esforços sinceros de todos aqueles
Que trabalharam com afinco
Contribuirem para a difusão do verdadeiro sentido do Dharma,
Junto dos que estão inspirados para o conhecer.

Possa isso ajudar a dissipar a escuridão da ignorância
Nas mentes de todos os seres vivos
E levá-los à total realização
Livre de todos os medos.

Ringu Tulku

Glossário

Buda Amitabha: O Buda da Luz Infinita

Bardo: Estado intermediário entre o fim de uma vida e o renascimento noutra. O Bardo também pode ser dividido em seis níveis diferentes; o bardo do nascimento, dos sonhos, da meditação, do momento antes da morte, o bardo do dharmata e o bardo do devir.

Bonpo: Seguidor da religião xamanística indígena, anterior ao Budismo no Tibete.

Dalai Lama: O Líder Espiritual do Budismo Tibetano que se encontra em exílio.

Dewachen: Terra Pura de Amitabha, também conhecida como Sukhavati: "A Terra da Felicidade".

Dharma: No Budismo, a palavra Dharma refere-se aos ensinamentos do Buda histórico. É o caminho espiritual para o qual os seus ensinamentos são um guia e é também a verdadeira natureza da realidade. Conhecer o Dharma é mais que ser capaz de recitar textos Budistas; é ter a experiência da Via Budista e adquirir uma visão interior clara da verdadeira natureza da realidade.

Dilgo Khyentse Rinpoche: (1910-1991) É reconhecido como um precioso Mestre dos ensinamentos do Dzogchen.

Gampopa (1079 – 1153): O maior discípulo de Milarepa, fundador e dirigente da Primeira Linhagem Monástica Kagyu.

Histórias Jataka: Coleção de histórias das vidas anteriores do Buda Shakyamuni antes de ele se tornar Buda.

Kagyu: Uma das quatro principais linhagens do Budismo Tibetano. As outras são Nyingma, Sakya e Guelugpa. A Linhagem Kagyu procede de Vajradhara o Buda

Primordial e é transmitida de mestre para discípulo. Os antepassados da Linhagem Kagyu são os Mahasiddhas Indianos, Tilopa e Naropa, cujo discípulo Marpa o Tradutor trouxe a linhagem para o Tibete.

Kalpa: É uma palavra Sânscrita que significa um éon ou um longo período de tempo.

Kalu Rinpoche: (1905 – 1989) Um dos grandes mestres tibetanos dos nossos tempos. Foi um dos primeiros Lamas que ensinou extensivamente no Ocidente, tendo aí fundado muitos dos primeiros centros do Dharma.

Karmapa: Chefe da linhagem Karma (Karmasang) Kagyu (ver Kagyu). Uma linhagem de Lamas reencarnados desde o primeiro Karmapa Dusum Khyenpa (1110- 1193) até ao atual chefe da linhagem, Sua Santidade o 17º Karmapa Orgyen Trinley Dorje, nascido em 1985. O seu antecessor foi o 16ª Karmapa Randjung Rigpe Dorje. "Karmapa" significa "aquele que desenvolve a atividade de Buda" ou a "personificação de todas as atividades dos Budas".

Kham: Uma região no Tibete Oriental.

Khampa: Um habitante de Kham. Os Khampas são conhecidos por serem muito corajosos e bons cavaleiros.

Lhasa: Capital do Tibete.

Mahayana: "O Grande Veículo". A escola de Budismo que estabelece o caminho altruísta do Bodhisattva. Os outros dois veículos do Budismo são o Shravakayana (por vezes designado como Hinayana, "O Veículo Menor") e o Vajrayana.

Marpa: Marpa Lotsawa ou Marpa o Tradutor (1012-1097) foi quem trouxe os ensinamentos do Mahamudra da Índia para o Tibete. Nasceu no sul do Tibete, numa região chamada Lhodak. A riqueza dos ensinamentos dos Yogis e do Mahamudra que ele reuniu, dominou e traduziu foram inteiramente transmitidos a Jetsun Milarepa.

Milarepa: Jetsun Milarepa (1040-1123) é o poeta e santo mais reverenciado no Tibete. A sua entrega de coração ao caminho espiritual e subsequente alcance da Suprema Iluminação numa única vida tem sido uma fonte de inspiração espiritual para gerações de tibetanos.

Naropa: (1016-1100) Um grande erudito indiano, que foi o principal discípulo de Tilopa e o Guru de Marpa.

Phowa: Termo tibetano para uma meditação Budista: "transferência da consciência no momento da morte".

Sakyapa: Uma Ordem do Budismo Tibetano. Há quatro escolas: Gelupa, Nyigma, Kagyu e Sakya.

Shunyata: Vacuidade ou Vazio. É a característica dos fenómenos; a natureza impermanente da forma quer dizer que nada possui uma entidade permanente. Nos ensinamentos espirituais de Buda observar a vacuidade dos fenómenos é um dos aspectos do desenvolvimento da compreensão.

Vajrayana: (em Tibetano *dorje tegpa*) O "Veículo de Vajra" que começou na Índia, mas que se desenvolveu plenamente na tradição tibetana. A prática de tomar os resultados como caminho.

Sobre o autor

Ringu Tulku Rinpoche é um mestre budista tibetano da Escola Kagyu. Treinou-se em todas as escolas de Budismo Tibetano, junto de muitos dos Grandes Mestres, inclusive de Sua Santidade o 16º Karmapa e Sua Santidade Dilgo Kyentse Rinpoche. Recebeu a sua educação formal no Instituto Namgyal de Tibetologia, no Sikkim e na Universidade de Sânscrito Sampurnananda em Varanasi, na Índia. Escreveu livros escolares tibetanos e foi Professor de Estudos Tibetanos no Sikkim durante 25 anos.

Desde 1990 que viaja e ensina Budismo e meditação na Europa, América, Canadá, Austrália e Ásia. Participa em diferentes diálogos inter-religiosos sobre "Budismo e Ciência" e é o autor de vários livros sobre temas Budistas, entre os quais: a coleção *Sabedoria do Coração*, a coleção *O Lama Preguiçoso* bem como *O Caminho da Budeidade, Passos Ousados, A Filosofia Ri-me do Grande Jamgon Kongtrul, A Confusão transforma-se em Sabedoria, O Treino da Mente, Parábolas do Coração* e vários livros infantis que estão disponíveis em Tibetano e em línguas europeias.

Fundou a Organização Bodhicharya – veja-se www.bodhicharya.org e Ringul Trust – veja-se www.ringultrust.org.

*Para uma lista atualizada dos livros de Ringu Tulku em inglês,
consulte a secção dos livros em*

www.bodhicharya.org

Para uma lista dos livros de Ringu Tulku publicados em português, consulte:

www.bodhicharyaportugal.org

As nossas competências profissionais são oferecidas gratuitamente para a produção destes livros e a Bodhicharya Publications é gerida por voluntários. Assim, os resultados da venda deste livro são usados para financiar outros livros e para projetos educativos e humanitários apoiados pela Bodhicharya.

O Arquivo de Ringu Tulku
AS GRAVAÇÕES DOS ENSINAMENTOS DE RINGU TULKU RINPOCHE
(EM INGLÊS)

www.bodhicharya.org/teachings

www.ingramcontent.com/pod-product-compliance
Lightning Source LLC
Chambersburg PA
CBHW041309110526
44590CB00028B/4299